# 新媒体时代的
# 传播媒介与产业发展

陈 静 ◎ 著

吉林出版集团股份有限公司

# 前　言

新媒体的诞生从方方面面影响着传统媒体的固有生存状态，电视、报纸、电台等媒体的受众迅速减少，在新媒体冲击下越来越多的受众主动选择分流，但就传媒领域整体而言，受众的注意力、忠诚度以及理解水平等方面仍旧存在需要探讨的空间。新媒体在向大众传播消息的不经意间改变了新闻的传播方式。目前，移动互联时代使得移动性成为信息传播即时性的最突出体现，用户和机构间的结构不断演化，形成互为中心的交流范式。如果要讨论现代社会新媒体的传播形态，那么注定绕不开个性、多元、多变的特征定位，与之相伴的，是信息媒体结构的变革，以及传播渠道的扩展和传播媒介的整体变迁。

新媒体时代信息更新速度大大提高，社会传播模式也随之由传统的"国家—媒体—个人"向"所有人—所有人"的新模式过渡，麦克卢汉所说的"媒介即信息"在新的传媒领域发展中得到新的验证。新媒体的媒介形式已然成为信息的一部分，对当下社会产生潜移默化的影响，在这种新形势下大众无须受到时空的制约，随时随地可以通过随身携带的通信设备进行信息的接受与传播，这种信息接收习惯的改变实际上正引发并不断推动着整个传媒行业的动态调整。

新媒体时代自身具有信息传播单程速度快、传递往来频次高、内容复杂多元的特性，由此如果依旧使用传统媒体的新闻工作方式，无法完全发挥新媒体的优势，从这个角度出发，新媒体时代的新闻从业人员，更需要保持与时俱进的态度，不断更新知识体系与工作方法，切实挖掘新媒体的平台优势，促进新闻行业的变革。

# 目 录

## 第一章　新媒体 ………………………………………………………………… 1
### 第一节　新媒体特征 ……………………………………………………… 1
### 第二节　传统媒体与新媒体 ……………………………………………… 4
### 第三节　新媒体的传播优势 ……………………………………………… 7
### 第四节　政府—新媒体关系 ……………………………………………… 9

## 第二章　新媒体中的传播 ……………………………………………………… 29
### 第一节　新媒体的传播模式 ……………………………………………… 29
### 第二节　新媒体的传播特征与属性 ……………………………………… 33
### 第三节　新媒体背景下的经典传播理论 ………………………………… 38

## 第三章　新媒体的独特传播机制 ……………………………………………… 41
### 第一节　新媒体传播模式的新特征 ……………………………………… 41
### 第二节　新媒体传播情境中的受众分析 ………………………………… 46
### 第三节　新媒体传播的内容分析 ………………………………………… 53
### 第四节　新媒体的传播效果分析 ………………………………………… 58

## 第四章　数字媒体文化传播与媒介 …………………………………………… 63
### 第一节　媒介与媒介类型 ………………………………………………… 63
### 第二节　媒介理论 ………………………………………………………… 72
### 第三节　新媒介与文化传播 ……………………………………………… 78

## 第五章　新媒体时代传播媒介的理论研究 …………………………………… 83
### 第一节　新媒体时代媒介传播面临的伦理困境 ………………………… 83
### 第二节　新媒体时代文化传播媒介化 …………………………………… 86
### 第三节　新媒体时代的媒介传播之变 …………………………………… 88
### 第四节　新媒体时代主持传播的新媒介素养 …………………………… 90

第五节　新媒体冷热媒介对信息传播的影响 …………………………… 94

　　第六节　新媒体时代下媒介融合对传播的影响 …………………………… 97

第六章　新媒体时代传播媒介的发展研究 …………………………………… 101

　　第一节　新媒体时代地方戏曲媒介传播发展 …………………………… 101

　　第二节　新传播生态下政务新媒体融合力的媒介 ……………………… 104

　　第三节　新媒体语境下传统文化的跨媒介叙事与传播 ………………… 109

　　第四节　新媒体时代媒介文化传播与女性形象分析 …………………… 115

　　第五节　新媒体时代豫北非遗的传播媒介发展 ………………………… 118

第七章　新媒体时代产业发展方向 …………………………………………… 122

　　第一节　我国新媒体产业发展新趋势 …………………………………… 122

　　第二节　新媒体背景下IP产业的发展 …………………………………… 131

　　第三节　新媒体产业发展的制约因素与发展 …………………………… 134

　　第四节　中国视听新媒体产业发展相关分析 …………………………… 136

　　第五节　互联网文化创新与新媒体产业发展 …………………………… 139

　　第六节　新媒体产业发展中本土化与国际化 …………………………… 142

参考文献 ………………………………………………………………………… 146

# 第一章　新媒体

## 第一节　新媒体特征

伴随网络信息技术飞速发展和经济全球化的不断深入，在科学技术的推动下，诞生了很多新兴的产业。作为在日常生活中为人类构造和传递信息资讯的媒体，也在信息技术的促进下不可避免地发生着改变，也就是说传统媒体正在逐渐转变为新媒体。鉴于此，只有把握住新媒体的特征、发展现状和发展趋势，才能更好地利用新媒体，从而推动社会经济的持续发展。

### 一、新媒体概述

20世纪60年代出现了新媒体的概念。新媒体这一概念可以从三个方面来进行理解。一是基于时间的角度进行对比，从时间上看相比于传统媒体而出现新媒体。例如，广播电台与传统的报纸相比属于新媒体，电视与传统的广播相比属于新媒体，而网站、智能手机与传统的电视相比较而言则属于新媒体。二是从媒体传播技术方面来看，新媒体是指通过互联网技术和数字、通信技术，以电脑、智能手机、网络电视等为媒介，向人们提供信息和娱乐服务的媒体，也就是本节所涉及的新媒体。

### 二、新媒体本身所具有的典型特征

#### （一）全民性

在当今的信息时代，人们在日常的工作与学习和生活中利用电脑、智能手机等终端就能够对自身的大部分事务进行处理。这不仅使人们的生活方式发生了改变，而且促进了新媒体的发展。中国互联网络信息中心（CNNIC）相关报告显示，截至2018年12月，我国网民规模达8.29亿，全年新增网民5653万，互联网普及率为59.6%，较2017年底提升3.8个百分点。手机网民规模达8.17亿，全年新增手机网民6433万。新媒体的飞速发展使人们的生活习惯和交往方式都发生了巨大的改变，人们可以在任何时间、任何地点，利用电脑或者智能手机通过网络来获取资讯，其中的微博、微信已经发展成为主要的新闻传播媒介。在新媒体时代，人们既是信息的接受者又是传播者，不仅随时随地接收信息，也能够随时随地传播信息或者发表个人的意见和看法。可以说，在新媒体时代，任何人只要具备网络和相关通信设备，都可以亲身参与到信息传播的过程中，成为新媒体的一部分。

### （二）多元性

多元性是新媒体的一个典型特征，其在文字信息的传播过程中，能够把声音、图像乃至于视频融入其中，实现多元的新闻传播。另外，新媒体在传播信息的时候还能够具有检索功能，使新媒体具有较强的跨时空交互性。在传统媒体传播信息的过程中受众只能被动接收而不能参与评论，更谈不上对信息进行选择与检索，而具有多元化特征的新媒体则有效弥补了传统媒体的上述缺陷，人们通过移动设备可以随时随地检索与浏览新闻信息，更能够就新闻信息进行互动讨论，发表自己的意见和看法，这一方面能够帮助人们深入学习和阅读，另一方面能够有效地跟踪和了解新闻的发展。总而言之，科学技术催生了多元性的新媒体，并改变了媒体的传播方式和人们传统的阅读方式。

### （三）交互性

科学技术的发展不断催生着媒体传播方式的持续变革，人们逐渐从信息接受者转变为信息的收集者和发布者，也进一步使媒体的传递信息的模式从传统的单一传播转变为新媒体的交互性传递，发布信息的人能够与接收信息的人实现有效的交流与互动。也就是说，新媒体打破了媒体和受众的边界，受众从传统的单向获取媒体信息逐渐转变为通过互动获取媒体信息，同时也在逐渐成为媒体信息的创造者。在当今新媒体快速发展的时代，新媒体为广大民众提供了更多的发声的机会，创造了更大的话语权。主要表现为在智能手机和网络的支持下，新媒体呈现了极强的互动性，在微信、微博等媒体上，人们可以进行充分的信息交流，从而使受众与媒体之间实现了交互。

### （四）创新性

新媒体的创新性主要体现在三方面：一是理念创新。这是新媒体区别于传统媒体的重要方面，是新媒体的精神与内容的高度体现。也就是说新媒体不会去限制其自身的发展与传播形态，而往往通过传播方式和传播途径的不断创新来谋求生存与发展，首先采用新的形式来确定发展定位，其次对信息内容进行创新性的设计并传播到用户手中。二是技术创新。人们在互联网技术的基础上，利用软件开发等相关技术，再结合电脑和智能手机等媒介，能够在任何时间、任何地点获取信息。三是形式创新。与传统媒体的单一传播模式不同，新媒体可以使受众不仅是信息的接收者，也是信息的制造者和传播者，更能够进行信息的交流与互动。

## 三、我国新媒体的发展现状

### （一）使用新媒体的人数呈现迅速增长的态势

随着互联网技术的迅速发展与普及，我国越来越多的人学会了使用计算机或是手机上网，而且使用人数呈现持续增长的趋势，截至2018年12月，我国的网民规模和手机网民规模都分别接近9亿。目前，人们已经越来越习惯在网上查找、浏览、传播新闻信息，也就是说人们已经普遍地接受和使用新媒体。

### （二）新媒体所依托的技术逐渐完善成熟

新媒体的传播形式和新媒体的飞速发展离不开信息技术，而近年来我国的信息技术发展速度可谓日新月异。因此，我国的新媒体技术目前是非常完善和成熟的，甚至在通信等领域，我国的相关技术已经处于国际先进水平，这无疑为我国新媒体的进一步发展提供了技术保证。

### （三）内容发生了极大的变化

新媒体的出现推动着传播内容和方式的改变。人们从最初在论坛上查找、浏览、传播新闻信息，发展到后来的博客、QQ和微博，再到现在的微信，信息传播的形式日益推陈出新。同时，传播的内容也从最初的单纯的文字，发展到现在的文字、图片、声音和视频相结合。传播形式和内容的变化更加便于人们及时有效地进行沟通和交流。

## 四、未来我国新媒体的发展趋势

### （一）人工智能和传感技术将推动新媒体的发展

随着人工智能技术的大规模开发和应用，未来智能机器人将会有效参与新闻生产，进而衍生出若干种新闻模式。第一，个性化的新闻模式。一是通过网络"算法"来进行新闻的分发；二是应用社交机器人，通过人机之间的互动对话人们就能够获取新闻消息，并且在这一过程中，社交机器人可以深入了解用户个人所喜好的新闻类型，进而把更有针对性的内容推荐给用户；三是利用大数据定制信息，实现新闻生产与传播的个性化。第二，利用机器写作新闻的模式。随着智能机器人技术的不断发展，在未来的自媒体发展中将会应用机器人进行新闻写作，在遵循新闻内在规律的基础上，通过机器人的智能分析，可以进一步提高新闻内容的广度和新闻主题的深度，进而增强传播效果。第三，传感器新闻模式。随着传感器技术的持续发展，可以通过传感器来全面、全方位收集新闻信息，使所获得的新闻数据更加专业，从而有效保证所发布的预测性新闻有所依凭。

### （二）重构新闻分发平台并进一步延伸

传统媒体生产与分发新闻两个环节是结合在一起的，而随着新媒体的持续发展，这两个环节将被划分为互不关联的两个体系。互联网的快速普及和广泛应用，将会催生出越来越多的新闻分发平台，借助网络所具有的黏性和巨大的用户流量来进行新闻传播，而且非专业平台也可以基于网络黏性和用户流量来分发新闻。鉴于此，新媒体在未来的发展过程中，分发新闻的平台将会呈现出越来越混合的状态，并会持续得到延展。但是新闻分发平台不管是哪一种类，都要保证做到以下几点，才可以实现其持续发展：一是保持一定规模的用户并始终处于活跃状态；二是要有一定规模的信息生产者，以此来从整体上稳定信息环境；三是要积极建设体验不同新闻的环境；四是采用科学的算法保证生产的内容有效地匹配用户。

### （三）新媒体将朝着智媒化的方向发展

传统媒体主要依靠人来运行与发展并进行主导，而在未来的发展中智能物体和机器将取代人的功能。具体说就是，通过智能物体和智能机器人的协同工作，而产生一种新的媒体模式。一是实现受众新闻体验的临场化。将来各种新型的智能设备将承担起新闻接收终端的任务，如随着 VR 和 AR 这两项技术的不断成熟，将会给受众带来极强的新闻临场感，对于新闻信息感觉到身临其境。二是新闻消息的互动反馈机制将会发生重大改变。未来新媒体所表现出的智能化和传感化，主要是通过传感器呈现在消费过程中用户群体所产生的一些生理反应，把传统的用户言语方面的反馈深入到他们的生理层面。三是用户分析智能化。具体说就是通过智能分析，掌握用户的实际需求以及相关的具体操作行为，进而有针对性地提供信息服务。四是生产新闻的方式将发生改变。分布式、智能化和机械化地收集、分析相关的新闻信息，并将其转化为相应的文字，从而实现多元主体以及去中心化，在新闻报道中起到辅助性作用。

## 第二节 传统媒体与新媒体

传统媒体，特别是纸质媒体应该顺应时代发展要求，利用大数据等新技术，发挥自己的优势，应对新兴媒体的挑战，让纸媒老兵，在新兴媒体时代焕发新的活力。推动媒体融合发展，是以习近平同志为核心的党中央着眼巩固宣传思想文化阵地、壮大主流思想舆论做出的重要部署，也是党的主流媒体顺应传媒格局、舆论生态、受众需求深刻变化，有效发挥引导舆论的主力军、主渠道、主阵地作用的必然选择。

中共中央政治局 2019 年 1 月 25 日就全媒体时代和媒体融合发展举行第十二次集体学习。习近平总书记在主持学习时强调，推动媒体融合发展、建设全媒体成为我们面临的一项紧迫课题。全媒体不断发展，出现了全程媒体、全息媒体、全员媒体、全效媒体，信息无处不在、无所不及、无人不用，导致舆论生态、媒体格局、传播方式发生深刻变化，新闻舆论工作面临新的挑战。

可以说，习近平总书记"1·25"重要讲话再次发出了主流媒体推动融合发展、建设全媒体的动员令，传统媒体必须以更大的决心和气魄行动起来。事实上，党的十八大以来，习近平总书记多次就传统媒体和新兴媒体深度融合、强化互联网时代主流媒体内容建设、以新技术引领媒体融合新发展等发表重要论述，有力推动了主流媒体的全媒体业态建设和纵深性融合发展。但面对时不我待的传播技术进步和相应社会形态变化，媒体融合仍有待进一步加强，从"相加"到"相融"仍是大多数主流媒体需要跨越的最大障碍。

习近平总书记关于推动媒体融合发展、建设全媒体的一系列重要论述，指出了主流媒体面临的挑战、存在的问题，更指明了主流媒体融合发展的方法、方向，说明了媒体融合发展、建设全媒体的重大意义。把习近平总书记关于加快媒体融合发展、建设全媒体的要求贯彻到事业发展中，是传统媒体的使命任务。按照总书记的要求推动媒体融合发展、建设全媒体实现实质性突破，才能保证事业实现可持续发展，始终跟上时代、引领时代，始终与读者心贴心，始终让党中央放心、让广大受众满意。

## 一、传统媒体应对挑战

传统媒体，特别是纸质媒体应该顺应时代发展要求，发挥自己的优势，应对新媒体的挑战，让纸媒老兵，在新媒体时代焕发新活力。

研究、利用和发展新媒体，推动融合发展，首先要弄清楚什么是"新媒体"。新媒体的概念非常宽泛，它只是一个相对的范畴，而没有绝地的界限。其特点是创意无限、参与无限、前景无限。如果把传统媒体和新媒体进行对比，可以发现，在新媒体时代，没有权威，只有认可；没有垄断，只有市场；没有优势，只有劣势；没有既得，只有争得。

应该看到，近年来，以微博、自媒体、社交网站、视频网站为代表的新媒体发展迅猛，不断挤占传统媒体的生存空间。事实上，微博等并非传统意义上的媒体，它并没有新闻采访权，没有专业的记者，但它却利用互动性强、病毒式快速传播的优势，让各方面的信息聚合在它的平台。这种平台一旦搭建起来，所有的参与者都成为免费为它打工的"记者"，其新闻信息资源几乎是无限的。传统媒体，即使再强大，人力、物力和精力都是有限的，很难与这种"无限聚合"的信息平台抗衡。

互动性是新媒体的最重要特点。很难想象，如果微博不允许所有受众都可以自主表达、评论和转发，而只是几个传统传媒的信息发布平台，它还能吸引多少关注。相对于新媒体，基于传统传播方式的报纸、杂志、电视等都是单向的内容发布和信息传递，互动性弱。

新媒体的另一个根本特点是开放性。媒体与受众之间的互动形成了，媒体必然变得具有开放性。这种开放性包括允许受众或参与者发声，允许他们参与到传播内容的制作。在接受了多年的单向信息传递之后，允许受众参与到新闻信息的制作、发布和传播之中，这是最吸引他们的地方。

传统媒体特别是纸质媒体，在推动融合发展时必须注重互动性和开放性。原有采编是一个封闭的系统,这种封闭与新媒体的开放似乎是一对难以化解的矛盾。这就要求我们进一步研究新媒体的传播规律和受众心理,采取可能的方式开放自己的平台,允许受众参与到内容的制作和传播中。从这个意义上讲,如果要做好新媒体,传统媒体必须在网络空间表现得更为开放、更为包容。

另外,传统媒体并不应妄自菲薄。虽然现在的媒体是"网络为霸、终端为重、技术为先、受众为主",但无论到了什么时候,永远都是"内容为王"。微博等新媒体有明显的"无聊化"特征,无聊的信息、虚假的信息、别有用心的信息比例很高,而对大多数受众来说,准确性高、可信度高的是他们更为重视的。在网络中浩如烟海的信息中,"有价值信息"未来可能会变成稀缺商品。传统权威媒体一旦介入新媒体,其专业性、权威性、可信性都会成为吸引受众的重要因素。

## 二、传统媒体融合发展的未来

国外有不少纸质媒体成功转型的实例。美国《芝加哥论坛报》就利用大数据成功转型。国内的很多纸媒,长期以来形成了自己的特色,培养了一批忠实的读者,应该借鉴同行经验,抓住新媒体、新技术的发展契机,推动媒体融合发展。

互联网发展到今天,可以说经历了三个阶段。第一阶段是办网站,第二阶段是搜索引擎大行其道,第三阶段就应该是现在的交互式社交网络。由于种种原因,国内很多纸媒没有在互联网发展的初期建立起自己的网站并扩大影响力,第二阶段搜索引擎的建设也没有涉足,而现在以微博为代表的交互式社交网络的发展过程中,传统纸媒有条件也有能力有所作为。

纸媒应该充分认识新媒体"无聊化"的特点,越是一些在传统观念中可能感觉有些无聊、有些八卦的内容,越符合大部分受众打发碎片时间的阅读需求。

新兴媒体争夺的焦点是人气,是流量,是关注度。在账号管理、语言风格的运用等方面,一些官方微博的做法可圈可点。应该认识到,官方微博一定不要说官话,媒体官微一定不要永远一本正经,要把微博当作一个人来设定,有人性、有情绪,提高亲和力。

在新闻信息碎片化时代、微阅读时代,读者可能更喜欢更珍视定制的内容,只看自己关心的和想看的内容。媒体虽然仍然是内容为王,但真正为王的是读者想看的内容。

很多纸媒至今仍保持较高发行量,如果能充分利用这个渠道,尽可能多地掌握报纸读者的信息,这将成为报纸最重要的一份资源。有了这一资源,一方面可以了解掌握他们对新闻内容的需求,以某种数字化方式对其进行精准化的内容推送,增强他们的阅读体验;另一方面,对做好广告来说也是很关键的。美国商人华纳梅克在100多年前曾说:"我知道我的广告费有一半是浪费了,但问题是我不知道哪一半被浪费了。"直到今天,媒体上诉求不准、诉求不清、诉求不对的广告仍占大多数。这个问题在搜索引擎的帮助下已经有所改善。谷歌邮箱就会根据你所发邮件的内容显示高度相关的广告,因为这可能就是邮件读者愿意关心的产品广告，这就形成了一种精准广告。如果做好读者个人信息资源的管理，传统纸媒也可以提高广告投放精度，无疑会提高广告效率和对广告商的吸引力。

时至今日，我们仍坚信传统媒体尤其是纸质媒体并不代表夕阳产业。虽然电视媒体对纸媒的冲击远远不如目前新媒体带来的冲击，但传统媒体在外力倒逼下，经过自我嬗变，完全有可能再次崛起。传统纸媒不应妄自菲薄，应该对未来充满信心。

## 第三节　新媒体的传播优势

在社会发展和媒体业态转型过程中，新媒体逐步发展起来，不仅拓宽了信息传播空间，也增加了社会形态意识引导难度，让新媒体传播面临诸多挑战。我们要充分认识到新媒体传播的优势，还要注重合理引导，为新媒体传播发展创造有利条件，让网络环境中社会意识形态得到统一，满足人们对信息的需求，也有效避免出现道德失范问题。本节将简述新媒体传播的优势，并提出了新媒体传播的发展策略。

新媒体传播集文字、图像和声音等为一体，能够实现音乐、动画、视频等信息形态的传播，人们通过网络可以简单在页面上看到文字，并培养照片和电视画面，便于全方位了解新闻事件。新时期为了促进新媒体的良性发展，我们要深刻认识到新媒体传播规律，及时采取应对措施，确保将新媒体的作用进一步发挥出来，能够为国家、党和人民等提供更好的服务，增强文化软实力，获得更大的国际话语权。

### 一、新媒体传播的优势

随着宽带技术、移动技术和大规模存储技术等的发展与应用，人们有了更加多元化的信息获取渠道，并实现了便捷性与时效性的提升，既减少了信息消费成本，还推动着社会的进步，社会生产和人们生活出现了巨大变革。网络时代下也为传统媒体传播的发展带来了诸多制约，此时新媒体应运而生，在传播效率上有了大幅度提升，既逐步扩大了传播范围，还让信息和人们生活加强了联系。同时新媒体传播也发挥着引导社会公众思想的作用，便于人们更加全面、深入地认识社会，在很大程度上促进了人们综合素质的提升。因此我们要认清现状，将相关措施做到位，促进新媒体作用得到有效发挥，真正体现出服务社会的功能。

新媒体最大的特点是以网络为支撑，这使得新媒体能够适应不同年龄段、不同性格特点的用户的需求。在科技高速发展的当下，新媒体的形式和媒介也在不断发生变化，当我们正沉溺于使用微博、微信等社交媒介时，可穿戴的智能媒体工具又进入了人们的视野，这警示着人们要不断更新自己的观念，创新使用媒体的形式，使新媒体传播能够跟上科技发展的脚步。

## 二、新媒体传播的发展策略

### （一）增强新媒体主体道德意识

社会公众是新媒体传播的主体，理应积极参与进来，充分发挥作用，在新媒体信息传播中必须切实增强道德意识，不能出现违背道德规范的行为。满足人们的正常诉求，能够让新媒体传播中失范行为得到有效抵制，当虚假等信息不再有需求后，也就没有了生产土壤。这需要引导人们加强对自身诉求的控制，才能切断虚假等信息传播途径，真正促使人们道德意识正确。社会公众还要注重提升自身网络道德标准，让新媒体传播内容获得净化，且加强对新媒体传播平台的道德建设，这点也尤为重要。对新媒体传播监管部门来说，应该制定完善的新媒体传播道德建设规范，让网络环境得到净化，特别是新媒体运营商要形成正确的道德观，严厉处罚违背新媒体传播规范的行为。

### （二）促进新媒体传播大众化发展

促进新媒体传播的大众化发展，能够将其海量化、传播节点碎片化和传播方式群际化等优势有效体现出来。现阶段网络搜索引擎技术发展速度很快，让信息以微博、博客、文字和图片等形式实现快速传播，同时在网络技术的支持下，也让人们可以快速对海量、繁杂的信息做出筛选，满足自身在信息上的需求。在新媒体下，人们不仅是信息的接受者，也是信息的传播者和舆论的制造者，为信息碎片式和分布式传播创造了良好的条件。随着网络环境下信息和传播渠道越来越多，传播变得多向传播与多点互动，能够实现信息的即时发布与传播，因为新媒体传播的网络化和立体化发展，让更多信息、观念和想法得以在交流平台内汇集。对此我们要在新媒体传播中体现大众化特点，让人们有参与到新闻事件讨论中的机会，便于政府更加顺利地将制定的政策发布出来。

### （三）加强舆论方向控制

新媒体传播为社会带来的影响很大，能够瞬间传播到人们生活的方方面面，通过对人们舆论的引导，可以有效抵制传播不健康和虚假的信息。新媒体网络运营商应该做出表率，通过对广大用户的正确指导，让他们逐步形成正确的价值观，让网络舆论得到有效引导。可以将一些热门和焦点等话题设置在网站内，让更多用户关注社会问题，在网上营造良好的讨论氛围，真正构建起正确的舆论导向。同时新媒体网络运营商还应该认真开展网络管理工作，尽快成立专业的信息审查机构，确保能够第一时间消除网站上不健康、虚假的信息，对蓄意破坏网络环境的行为做出限制，从而有效减少其造成的负面影响。新媒体传播中还要注意弘扬社会主义核心价值观，对社会舆论发展方向提供指导，规范人们的意识，改变不当言行，有效改善新媒体网络运营环境。

### （四）做好新媒体传播监管工作

当前新媒体成为人们生活中的重要组成部分，但是也容易暴露出很多问题，为了推动新媒体传播的良性发展，需要认真开展监管工作，既要及时疏导存在的不规范行为，还要增强人们的思想意识，自觉抵制不健康、虚假信息的传播，最大限度减少对网络环境造成的扰乱。此外，还要利用法律武器，做出强制性监管与保护，在完善新媒体传播相关法律法规的同时，还要保证真正落到实处，让新媒体运营商得到有效管理，严厉打击不法网站。此外，还要将新媒体传播实施标准明确下来，通过对各种先进技术的应用，做好信息把关工作，提升各运营商内部管理规范水平。

总之，在新媒体发展与传播过程中，实现了话语权朝着平民化、大众化和社会化等方向发展，让信息的传播体现出更加鲜明的个性化和对象化的特点。当前新媒体与社会公众生活密切相关，我们应该进一步加大对新媒体传播的研究力度，通过各项措施推动新媒体传统的快速发展，为我国新闻传播事业的发展做出更大贡献。

## 第四节 政府—新媒体关系

新时代的政府与传媒关系主要体现为政府—新媒体关系，国内外就此转向问题从新媒体自治、议程设置、双向互动、舆情应对等多个视角进行了探讨。我国政府—新媒体关系中存在诸如舆情应对不力、包容性欠缺、机制不完善、市场逐利等问题，中国在疫情发生初期都有例证。有鉴于此，政府—新媒体关系需要构建一种善治模式，政府做到善待、善用、善管，新媒体能够自主、自觉、自律，政府与新媒体达成共识，共同致力于服务社会公众，在完善的法治框架体系基础上走向善治之路。

### 一、国内外关于政府—新媒体关系的多视角探讨

无论传统社会还是信息社会，各种媒介形成的舆论场在公共管理过程中都起着举足轻重的作用，是影响社会成长进步、和谐稳定的重要因素。传媒对于社会的影响被有些西方学者指认为"第四权力"，属于与立法、行政、司法并立的一种社会力量。媒体在思想交流、宣传引导、消息散布、社会监督等方面起到了举足轻重的作用。2020年前后，新冠（covid-19）肺炎疫情以燎原之速悄然在中国蔓延。在党中央、国务院的坚强领导下，全国上下众志成城阻击疫敌，虽然累计报告感染人数众多且分布广泛，但已经得到有效控制。我国的抗疫成效得到世卫组织充分赞扬和肯定。在这场抗疫斗争中，我国涌现出了医护、军警、快递外卖、社区居委、志愿者等挺身而出的最美"逆行者"；同时看到了国际上的正面援助与反面封锁，看到了国内少数官员不作为、懒作为、怕作为、乱作为，更看到了歪曲报告合并虚假新闻……2020年注定成为人类历史上浓墨重彩而轰轰烈烈的一年，这场抗疫战争也展示了我们这个时代的新媒体发展和舆情有多么生死攸关般重要，各国政府必须高度重视。

维护和促进政府与新媒体良性关系是保障整个社会系统有序运行发展的重要环节之一。当今我国新媒体网民数量呈爆棚之势，新兴传媒形成的舆论场影响力日盛，而在政府治理中越发举足轻重。新媒体超越了传统媒体的时空限制，社会舆情随之发生了新的变化，这也赋予政府与传媒新的关系。新媒体利用有线或无线网络技术，以手机、电脑、电视、车载音视频 cyber 等为输出终端，通过门户网站、社交软件、搜索引擎等传播信息，包括新兴媒体、新型传统媒体以及其他数字技术媒体，涉及商务、教育、旅游、医疗、音乐、游戏等，而能够产生广泛舆论和影响舆情的则是资讯、新闻、政论、社交、社区等类新媒体。新媒体正以其广泛性、即时性、交互性、多样性、共享性、超文本性等优势活跃在时代的前沿，成为各行各业信息传播的主要途径，也成为各级政府部门获取、反馈信息的重要渠道。

在政府—新媒体关系问题上。海外公共管理和新闻传播学的"联姻"还是较为常见的，学界关于政府与媒介间关系也取得了一些研究成果。然而新媒体兴起仅十余年，仍处在日新月异的发展之中，学界对政府—新媒体关系的研究大多集中在舆论与传播、引导与管控等方面。

## （一）新媒体自治

早在 20 世纪 90 年代，西方一些学者便开始了对新媒体属性的研究，其中关于互联网商业化发展的历程是其研究的重点。美国最早推进了互联网商业化的进程，艾拉·麦格兹纳（Ira Magaziner）是克林顿政府高级互联网顾问，他认为"政府对互联网的管理通过无为而治，达到实际的有治"，他还向白宫提交了一份正式的政策报告，建议政府实行"自由主义的互联网政策"。美国政府部门积极推进互联网建设，奉行"自我管理"的理念，认为这样不仅能促进健康有序发展，也能有效地服务于美国国民，形成双向发展的格局。罗伯特·曼彻斯尼（Robert Machesney）也提出"市场推动、自我规制"理念，也正是这一理念指引着行业发展并以其商业化进程走向全世界。

## （二）新媒体带来议程设置理论研究的新视角，"把关人"角色消失

议程设置（Agenda Setting）原是传统大众传播理论，源于美国传播学院唐纳德·肖（Donald Shaw）和麦克斯威尔·麦克姆斯（Maxwell McCombs）于 20 世纪六七十年代对美国总统大选实证研究的结论："新闻媒体传播具有一种能为公众设置议事日程的功能，新闻媒体报道的'大事件'，同样也是社会公众意识当中的大事件，新闻媒体报道的信息以各种不同程度的方式影响着社会公众的认知与判断。"以互联网为基础发展和崛起的新媒体极大地冲击了传统媒体的地位，对其产生了重要的影响，议程设置研究也出现了新的视角。新媒体的到来在一定程度上改变了它的理论逻辑，弥补了之前受众缺乏话语权的缺陷，扩大了参与范围，并且成为主流媒体的一种"议程设置资源"。还有西方学者指出，在新媒体严重冲击下，传播学"把关人"角色已经不复存在，传统媒体"把关人"信息传递和过滤功能都在不断减弱，政府面临传播危机。

## （三）在传播原则不变的前提下政府与新媒体保持良性关系

虽然新媒体与传统传播的方式不尽相同，但是有效传播的原则没有改变，仍然是公开透明、实事求是、合作共赢。美国国务院国际信息局（BIIP）出版处前处长乔治·克拉克认为新媒体相对于传统媒体而言与受众的关系更为密切，作用大得多，但是新媒体发展并不会导致传统媒体消失，新媒体在新时期会与政府保持亲密合作。西方研究政府—新媒体关系的学者都一致聚焦于保持两者良性关系。

## （四）政府搭建"新媒体公共外交"平台

随着新媒体的发展，公共外交也迎来了新时代，新媒体为公共外交搭建了新的平台。国外较为典型的就是美国奥巴马政府推行的具有代表性的新媒体外交。首先，以白宫为统筹，其他各个部门协调配合，积极与新媒体平台合作，针对不同的传播主体制定适宜的传播策略，开展丰富多样的活动。其次，奥巴马上台后提出"巧实力"理念，强调通过新媒体平台来宣传美国的生活方式、价值观念，重新塑造美国政府的形象，在此基础上推进公共外交并取得了一定的成效。

相对于国外而言，国内对政府—新媒体关系的研究起步较晚，主要集中在政府与新媒体互动、突发事件中新媒体的积极和消极作用、存在的问题以及如何构建良好关系等方面。

## （五）政府与新媒体的双向互动与"同盟关系"

有学者较早就发文论述，新媒体是设置在政府与公众之间的"一扇门"，经由此"门"开合，实现信息在政府与公众间的自由流动。同时，新媒体得到了合适的定位，扮演着这个"门"的角色，摆脱过去"招之即来，挥之即去"政府附庸的角色，成功化解了管控权与知情权之间的矛盾，实现辩证互动。新媒体之所以是传统媒体的延伸，能改变过去的传播格局，很重要的一点就是新媒体扮演着"喉舌"与"代表"双重角色。随着研究深入，学者们逐渐意识到政府与新媒体间的关系，不能简单地研讨单方面所发挥的作用，因为它们之间不是独立的，不能将其分割开来，尤其在应对危机时更需要建立两者间的良性互动关系。政府与新媒体具有相同的目的、同样的共识，即服务于公众，应对突发、危机事件，帮助公众恢复正常的状态，维护社会的正常秩序，应该是"同盟关系"。

## （六）新媒体在突发或危机事件应对中的双重效应

新媒体在突发事件中的正向效应主要体现在它架起了政府与公众之间沟通的桥梁，进而从容自如地应对突发甚至危机事件，在维护社会稳定、促进政治文明的过程中具有重要的意义。有研究者从不同方面总结了新媒体在危机应对过程中起到的积极作用，主要涵盖协助政府监测危机、为政府提供信息渠道、扮演政府外脑角色、塑造政府形象等几个方面。现在的新媒体扮演着双重角色，面对突发或危机事件，新媒体总是第一时间深入事发现场，及时、快速、切实地报道现状、原因、背景、影响等，为政府等公共部门在制定应对策略时提供了必要的、良好的基础。新媒体不仅仅是报道者，也是参与者，协调沟通、体现民意、全方位监督亦是其职能。

信息技术爆炸式迅猛发展，民众民主意识不断增强，政府治理能力面对越来越严峻的挑战。有学者看到，新媒体环境下事务的形态多样，很多突发或危机事件呈现出群体极化、非理性等特性，地方政府传统的传播机制受到严重的冲击，政府在提高执政能力、妥善处理事件、应对危机的工作中面对着诸多的阻力。新媒体以其自身独特的优势影响着越来越多的人、越来越多的领域，在生活中的各个方面都起到了推波助澜的作用，但是这也为滋生谣言提供了更多的温床，如果不能进行有效引导，会严重危及社会稳定与和谐。然而，政府在公共管理的过程中还是想着"捂盖子"，对如何应用新媒体协助危机处理并没有清晰的思路，局限于部门或地区狭小利益，对新媒体持回避态度，封锁信息，消息公布时间滞后。有文章总结和归纳了新媒体尤其在突发或危机事件中产生的负面效应，主要有瓦解、煽情、腐蚀、破坏等。

### （七）"把关人"弱化后的信息失真

新媒体弱化了传统媒体的"把关人"效用，致使新媒体可能会发布未经审核、把关的信息，引起信息失真导致"道德失范"，严重的会出现扰乱社会秩序、影响公众正常生活等始料未及的负面后果。网络世界具有互通性和开放性，这就容易导致媒体传播过程中出现夸大信息影响、添油加醋、小道消息蔓延、无根据判断等问题，最终影响社会公众的心理，导致社会的不稳定因素，引起危机，增加政府管理的难度。还有学者指出，目前还有很多政府官员很难适应新媒体时代带来的传播的变化，存在畏惧、排斥、轻视等心态。

### （八）政府—新媒体关系策略

有学者主张建立政府媒体间良性互动关系时可以借鉴国外先进经验，学习先进理念，在新媒体时代政府对新媒体更多的是引导，并充分利用新媒体的独特优势。当前政府与新媒体间的关系不再是政府对媒体的管制，政府将扮演媒体信息源的角色，实现与新媒体间的互联互通。新时期为了实现政府与新媒体间的良性互动，政府需要完善相关制度建设，提高媒介素养。政府应该根据事务的特点、发展阶段，有针对性地制定引导新媒体的策略和方法。构建政府与新媒体间的良性互动关系应该从创造公正的介入环境、畅通信息流、侧重发挥新媒体作用、加强立法等方面来实现。至于政府官员如何有效面对新媒体，首先应该坚持以理解、尊重、满足、宽容的态度对待新媒体；其次学会善用新媒体，掌握"九条黄金法则"；最后政府摆正自己的位置，实现方法、观念、体制创新，提高引导能力。

## 二、我国政府—新媒体关系中存在的问题

此次新冠肺炎疫情，既威胁着人类的健康和生命安全，也让我国经济损失巨大。农业、工业、服务业多方位大面积受损，其中旅游、航空、娱乐等行业受到的冲击最为猛烈。百度数据显示，仅我国春节假期经济损失电影票房就超70亿元，旅游交通超5000亿，再加上餐饮零售，仅此三项合计损失就过万亿。而在国内疫情触发阶段，湖北方面由于一些失

误错失防患于未然的机会，也从多角度反映了政府—新媒体关系存在着诸多问题及其经验教训。

### （一）新媒体意识尚不足够，仍有一些政府部门抱有成见

一些监管机关，尤其是在一些地方应对新媒体舆情时仍受传统媒体的深刻影响，思维上存在着惯性，习惯于垄断信息传播、新闻报道的观点、方式，要求内容枯燥、形式单一。这也证明了某些政府官员对新时期媒体发展的状况、新媒体环境下的传播规律以及新媒体舆情的特点认识不足。譬如舆情事件（能够影响舆情的事件或危机）发生后，一些当局人士不能及时、准确地公布真实情况，顾虑重重，担心某些信息公开会有损自身形象；更甚者认为，新媒体非正统、不正宗，掌握的信息越多越不利于政府。这些部门思维陈旧，仍以偏门左道看待新媒体，这种欠缺新媒体意识的官宣思维滞后于当今一日千里、滚滚向前的时代，忽视了广大网民的信息需求和感受。

### （二）舆情管理没有清晰的目标、预案和应对策略，监测和预警机制尚需完善

新媒体信息扩散传播速度如此之快，可以瞬间广泛产生舆论，影响舆情。在新媒体空间里，可能有理智分析者、有盲目跟风者、有侮辱谩骂者，甚至有造谣惑众图谋危害社会者粉墨登场，以百态刷屏。监管部门和波及部门如果不能深入读懂新媒体情势，很容易研判舆情失误而导致问题发展成危机。新媒体时代信息空前复杂，需要当局明确管理目标、积极谋略预案、应对防范得当，但实际上不少政府部门都缺乏这些特质，对舆情要害、介入时机、处置措施等都没有详细的思考和规划，存在着盲目、被动处置的现象。

### （三）包容性缺失，问题处置能力不足

有些政府部门在遇到新媒体问题时缺乏包容精神，这在2019年底2020年初我国新冠肺炎疫情暴发期间表现得尤为突出。举例而言，在面对突如其来的舆情事件时，一些管理者首先想到的是压制、技术屏蔽或一删了之。但问题是，如果一些社会情绪得不到一定程度的释放，反而会引起问题越聚越多，矛盾越演越激烈。虚拟空间本身就具有一定的隐秘性，账号禁封了可以再申请，删除的东西可以再发再来，如此往复就会威胁和损害政府公信力。

### （四）沟通和折中不足，管理方式及问责机制有待变革

目前，政府和新媒体之间缺乏有效的沟通和协商折中，存在着一定的官僚式作风和家长式习气。一些领导干部遇事儿没有调查研究也有发言权，没有商量的余地。这反映了政府对新媒体的管理方式及其问责机制有待变革。在监管中，政府可以设置新媒体合理的专门机构。缺乏有效的专门管理机构，会导致部门内部在处理新媒体问题时人浮于事和积极性不足，因为一般宣传部门的事务庞杂、繁多，新媒体网络只是其中一项职责，易被粗糙对待或忽视。加之管理层内部相关责任分担不明确，资源分配不均，如果各个部门未形成

友好、合作的沟通机制，则会出现"信息孤岛"。

政府问责机制同样有待转变。近些年，虽然我国逐步完善了应急舆情信息报送机制，对于危机或突发事件爆发，政府也逐渐重视，对报送的舆情信息的要求随着媒体网络技术的快速发展而有所提高。但是因为受到传统惯性思维以及不正确绩效观念的误导，在现实工作中有些监测、分析和管理人员对舆情抱有侥幸的心理，出来的问题能瞒则瞒、能迟则迟、能少则少，以这种鸵鸟心态应对舆情事件往往会导致事态更加蔓延，健全问责机制已是当务之急。

### （五）官方对新媒体善用不够，权威信息发布与回应不力，双向信息均不对称

新媒体打破了传统媒体的单向性而达成双向、多向互动，这要求政府充分利用客户端积极互动，引导舆论，把控舆情。虽然如今各地政府及其部门都开设了属于自己办事的官方微信公众号、微博等，但是使用不理想，官方回应与网民意见相差甚远。目前很多政府机构借助报纸、电视等宣传，忽视了就现实而言新媒体平台才是更重要的载体，官方信息和百姓信息脱节，双向都不对称。如果是在危机或突发事件发生的时候，社会公众需要依靠大量的信息展开广泛讨论，发表意见和看法，这时需要政府能够及时出手回应社会问题，包括发布权威信息、提出对策和采取措施等等。但政府信息收集能力不足导致很难充分回应，时效性也难以保证。这样一来，遇事不能及时回应而错过最佳机会，小道消息、谣言一出现就容易产生群体极化，危及社会秩序与安定。

### （六）在生存竞争压力下一些新媒体逐利市场而导致信息失真，畏惧担当社会责任

新时代的各类传媒如雨后春笋般不断地以多种方式呈给广大民众，各媒介间迫于生存彼此竞争激烈，而其关键就是争取"眼球"经济。譬如在巨擘大腕媒体挤压下，一些小众媒体铤而走险，杜撰信息甚至无事生非以达到轰动效果；再譬如有些新媒体大量发布不良甚至非法的广告或宣传内容，也对社会秩序造成了妨碍和破坏。当今新媒体作为广大网民知晓、把握信息的最主要渠道之一，本应客观、公正地传播信息，捍卫民众知情权，但如果患得患失，怕"担当"社会责任，不仅不利于社会也不利于新媒体自身的公信力。

### （七）当下关乎新媒体的法治不健全

目前相关法律与现实新媒体发展境况之间在不少方面存在脱节。当前的法规、标准很多是宏观性的，条文模糊不清、简单笼统，对应于新媒体舆情的具体行为标准很少，不能适应新媒体时代的发展。法规制度操作性差、内容空洞、言论界定和判断标准不清，导致管理部门裁量权扩大，很难保证公平、公正地依法管理。例如一旦面对网上出现的一些负面言论，由于法规条文模糊，监管部门直接以封号或删除等简单省事的手段了结，现实效果往往不佳。首先，涉网法律主体责任不明确。一方面，由于涉及新媒体网络管理的部门不一，条文规定很多地方存在重复、交叉甚至相互矛盾的情况；另一方面，规定不够详尽，

标准不统一，文字内容滞后于现实发展。这些需要依据时代发展的需求进一步完善。其次，实际执法存在困难。新媒体网络具有能动、隐私、开放的特性，在实际管理过程中很难采取制裁措施，存在着执法难题，例如在遇到新媒体对新闻的歪曲式转发时监管该如何介入等都有条文难题。

## 三、善治模式下政府—新媒体关系的优化

### （一）构建政府—新媒体关系善治模式

在20世纪末麻省理工学院教授、媒体实验室总监尼古拉斯·尼葛洛庞帝提出了"后信息时代"的观点。后信息时代大众传播的受众具体到了个人，新媒体会根据其掌握的海量信息，为每个人提供专属的、极端的、个性化的服务。新媒体不断冲击着传统媒体，早已经印证了尼葛洛庞帝的预言。在新媒体出现之前，媒体传播方向较为单一，媒体处于支配地位，在一定程度上决定着受众受信的内容、时间、地点，受众不具有选择权。但是后信息时代这种传播方式已被颠覆了，政府与媒体关系也发生了嬗变。新媒体可以作为政府问政、民众参政议政以及行政方和行政相对人交流和沟通的重要平台。在信息时代，政府—新媒体关系的关键是更强调它们之间的能动性关系，即互动关系；对政府而言，公共信息、政策宣传、形象塑造等都离不开新媒体的积极配合，进而获取公众对政府的支持与认可；对新媒体而言，它是公众的代表，及时获取政府公共信息资源，反馈公众舆论，对政府实施舆论监督。在政府与新媒体的互动过程中，双方互为信息源，政府引导和管理，新媒体搭建桥梁和渠道，承担信息传播和社会监督的双重责任，共同为人民服务。

政府监管新媒体，新媒体反过来也要发挥监督政府的作用，由于其具有的信息桥梁和渠道功能，从更积极意义上讲可以监督各种公权力乃至整体社会。美国学者哈罗德·拉斯韦尔指出，媒介的社会"监视"功能起到"看门狗"的职能，而现代新闻之父约瑟夫·普利策则认为，"倘若一个国家是一条航行在大海上的船，新闻记者就是船头的瞭望者。他要在一望无际的海面上观察一切，审视海上的不测风云和浅滩暗礁，及时发出警告。"

政府—新媒体关系的能动性基于双方达成服务社会的共识，而这种关系的维护、规范和协调必须基于一种体系健全的法制化运作。政府作为公共部门追求较高社会效益与新媒体追求经济效益的诉求不尽相同，所以实现两者间良性互动，就必须找到两者间的共识，为此在政府提供公共服务的同时，新媒体需要承担必要的企业社会责任，共同造福于民众。监管媒体的政府及执政党机关、舆情监测分析部门、政府新闻发言人等作为公共部门的代表，需要时刻关注社会舆情，依据社会舆情信息做出有效的决策与措施，而新兴门户网站、传统媒体网络版、微信及其公众号、微博、QQ等新媒体恰是政府获取和监测信息的源头和对象。政府治理社会，新媒体及时、准确地为公众传播信息，畅通政府、公众、媒介间多方且多向的交流互动，这种社会信息流需要相关的社会政策、法律法规、行业规范等来有效调控和规范。简而言之，后信息时代富有高度的复杂性、能动性和挑战性，信息的多

方多向交流互动要实现有序化运作，就必须法治化运作，而法治化运作有赖于健全的法律框架体系来支撑。

### （二）善治模式中政府善待、善用、善管

当今信息社会新媒体的用户数已经远远超越传统媒体，成为政府与民众进行沟通、交流的重要桥梁和纽带。政府阳光运行是现代社会对政府提出的要求。政府转变过去封闭的状态，变得公开透明，向公众公开制定各种政策和政策执行的具体过程，以及其他各种与公众切身利益相关的信息，充分保障公众知情权并接受监督。透明政府也要求政府在危机、突发事件的处理中及时、准确、全面公布各种信息，而当前新媒体已成为发布信息、公开政务的最有效的手段。

1. 保障知情权，信息公开，回应主动

知情权（或信息获取权）是现代社会民主建设的重要权利之一，十九大报告要求"保障人民的知情权、参与权、表达权、监督权"。政府对新媒体既要进行有效监管，同时也要保障一定的自由度。政府对新媒体的监管工作要规范化，且要秉持一种开放包容的态度去互动合作，作为媒体最重要的信息来源之一，应该为包括新媒体在内的传媒提供可以采访、报道的渠道。如今的新媒体具有极强的信息灵敏度与分析能力，能够即时把握舆情事件进程、政府应对与处理行为、网民舆论倾向等第一手资料。政府应该积极推进信息公开化，增加透明度，第一时间回应社会呼声，及时通过主流新媒体发布官方消息，赢取社会公众的信任。若要网络有效抑制有害的谣言、虚假消息，就要充分保障公众知情权。当网络世界发生舆情事件传播时，网民迫不及待地想得到相关消息，此时相关部门和机构除了上网发布官方信息外，政府新闻发言人应该及时召开必要的新闻发布会，主动接受包括新媒体在内的传媒采访。

2. 根据新媒体信息的特点，妥善应对舆情事件

在面对突发事件或危机时，社会公众通常会通过媒体渠道时刻关注政府的态度以及采取的应对措施。由于新媒体让社会公众获取信息的渠道、方式变得日益多样化，事件相关的图片、即时信息、视频会迅速在新媒体及其网络空间扩散，这对政府信息提出的要求会越来越高，需要时刻做好信息的公开、回应，才能妥善处理舆情事件，而隐瞒、封锁消息等方式只会适得其反。政府要主动开放信息渠道，为新媒体及公众解惑答疑，消弭社会不利影响。政府直面突发事件或危机，妥善应对舆情事件的例子有很多成功的经验，如"公交车坠河"等多起重大网络事件，政府及时发布相关的事态及处理进展信息，不断跟进正面实事求是地报道，没有多少负面影响，公信力也随之提高，处置得到了认可与支持。

3. 转变舆情观念，包容新媒体空间里的不同声音

在新时代中国特色社会主义制度下，新媒体不仅可成为政府的传声筒，更是政府走民主、法治路线，主动接受社会监督的丰富而便捷、真实而有效的方式和资源。毛泽东曾经

说过,让人讲话,天塌不下来,不让人讲话,一定要垮台。政府与民众的有效沟通与交流,是建设民主政治的重要手段,尊重百姓的知情权同时也要尊重百姓的发言权。新时代的老百姓在物质需求不断扩大、满足的同时,会追求更高层次的精神需求。时代在变,群众在变,官员也要改变生硬的风格,转变舆情管理观念。信息爆炸的社会思想百花齐放,论点百家争鸣,文化多元交织,新媒体的世界里更会充满不同的声音,当代是一个和而不同、求同存异、创新、包容与进步的时代。

4. 通过多种新媒体表达官方立场、意见和措置,发挥导向作用

在舆情应对中,社会公众对政府的权力与义务十分关注,积极、准确、及时地舆论引导,不仅影响形象更影响舆情。在社会舆论的导向过程中,政府应当充分利用新兴新型媒体、微信公众号、老字号媒体网络版等及时公布权威信息,表达官方立场、意见和措置。这些新媒体平台关注的网民比较多,发布的信息可以迅速、大范围地传遍千家万户。同时,政府也要积极参与到新媒体的议程设置之中,利用获取舆情一手信息的技术优势和独特优势将重大信息"置顶",增大对新媒体舆论的引导力,最终形成导向作用。而当危机或突发事件来临时更是如此,从危机管理视角来看,传播权威信息是危机管理者的直接任务,只有政府在平台的信息潮声里传达出官方声音,才能防止谣言四起,抑制社会危害因素和负面影响,营造良好的社会舆情环境。政府只有在新媒体的多种声音中,保持直面而不回避的态度,才能有效回应舆论,做好危机或突发事件处理工作,获取社会公众支持。

5. 设立关于新媒体的专门监管机构

有效的新媒体舆情应对要求建立一整套合理、高效、科学的机制,防止舆论导向滑向消极甚至演化为危机。政府面对新媒体扩散迅速的特点需要快速反应,因而,有必要积极推进新媒体舆情管理和引导机制建设。从国内外的实践和经验来看,在分析舆情过程中,要掌握事件特点、传播范围、扩散面积等,掌握核心要素和主要矛盾,发挥导向作用,以新媒体网民及公众都能接受的方式处理好事件,政府设立专门的新媒体管理机构是十分必要的。新媒体网络舆情的引导工作需要设置相应的议程和设立专门的机构。其一,舆情工作中遇到的危机或突发事件,通常涉及多个部门,若各部门面对事件口径不统一,将导致信息混乱,沟通混乱,引发新媒体广大用户以及社会公众不满。此时,专门的针对性管理机构就起到了各个部门间有效沟通的桥梁作用。其二,专业的新媒体管理机构,能够专注于新媒体而排除其他媒体的信息冗余,及时发现和解决问题,承担事前的监管和事后的调查工作。其三,专门的新媒体管理机构能够将网络问政工作纳入各政府各单位日常的绩效考核中,设置相应加分和减分项,有助于推动政府的舆情引导工作。

6. 健全新媒体舆情的事前预警、事后问责机制

"凡事预则立、不预则废",而行政问责制与政府回应效果成正比,很多时候,对于新媒体舆情工作而言,预警和问责可起到决定性作用。机制建设包括从新媒体舆情信息的监控、研判、回应三个阶段明确政府部门及其工作人员的具体职责等。首先,在信息的收集和监测阶段,信息收集应是积极而广泛的,潜在的危机苗头应及时被发现,监管部门权责

统一；信息监测从监测预警对象、确定警源、建立指标阈和权重配比、分析警兆、预报警度等方面进一步细化和完善。其次，在分析、整理和研判阶段，要求监管部门仔细、认真分析舆情，做好甄别，通过科学的技术手段分析把握新媒体舆情的基本规律，建立系统化、制度化的收集、分析、上报、汇总、整理、发布体系，对出现的不同种类舆情采用分级式的管理方式，针对不同级别的舆情采用不同类型的处理方法。然后，在官方回应、处置阶段，依法、积极而有效回应公众、处置问题，在社会公众遇到问题迫切希望得到权威信息时，譬如希望得到官方的调查结果和应对方案时，政府应公开信息，缓解大众疑虑，避免不良信息传播发生误导，力争化解问题，消弭社会危机于苗头。当有关职能部门出现相互推诿扯皮后，负责回应、处置的主体和效度均可问责，并且有一整套启动和展开问责的制度与机制保障。

### （三）善治模式中媒体自主、自觉、自律

2020年抗疫过程中的李文亮事件是新媒体案例的一个典型。2019年12月30日李文亮通过新媒体连续发布消息说"确诊了7例SARS"，还发布"冠状病毒阳性"的临床病原体筛查结果和CT，提醒注意防范。2020年1月3日他因在新媒体"发布不实言论"而被公安警示和训诫，2月7日因感染新冠肺炎去世。此后新媒体舆论广泛发酵，2月7日国家监委派出调查组赴武汉调查，3月5日李文亮获得"全国卫生健康系统新冠肺炎疫情防控工作先进个人"称号。透过事件，新媒体在政府治理中的民意效应和巨大社会影响力可见一斑。

1. 新媒体成长为一种新时代监督形式去主动监督公权力

当前新媒体才是广大群众获取资讯最主要的方式和渠道，它可以作为社会公众的监督员代表去监督公权力。新媒体对行政管理行为的外界监督作用是社会监督的一种延伸，现实中还未被高度重视起来，而公权力受到多方监督是未来社会发展、民主法治进步的要求。在实践中政府与新媒体可以互相监督，积极互动，相得益彰。信息社会公众急需大量信息作为他们行动的参考，政府在公共服务和管理的过程中也同样需要通过新媒体平台搜集到切实可靠的信息为决策提供依据。新媒体作为信息传播者和公权力监督者是信息社会的重要组成，起着当今社会层次中承上启下的重要环节作用。

以新媒体为主的媒介对社会舆论的嗅觉相对传统媒介更加灵敏，从某种意义上讲新媒体并不是一般的公司企业，它是社会公众共同所有的组织，承担着公众赋予的社会责任。如果不让新媒体发挥"监控器"作用，社会上一些违法行为肆意横行最终会损害公共利益。社会的和谐稳定与新媒体舆论监督权在本质上没有矛盾，而是相互促进的，所以权力、执行以及司法等机关不要因为担心会出现问题，就不让新媒体报道、评述。当局者要持包容的心态接受新媒体舆论的监督、意见、建议，不断提高服务社会的能力；而新媒体要敢于追求事实真相，勇于约束权力扩张，曝光社会不正之风，通过现代网络信息技术更准确、更及时、更有效地提供信息。以反腐倡廉工作中信息技术的应用为例，网民可以扫描二维

码，通过手机客户端、微信公众号、微博等新媒体方式进行监督举报。易腐性是公权力的特征之一，没有公众对公权的监督、问责和制约，腐败渎职、官僚主义现象就可能会盛行。通过媒介特别是新媒体监督，可以有效地规范和制约政府及其官员的行为，使权力的运行公开化和透明化，防止权力扩张。

2. 自觉增强政治意识，承担企业社会责任

自由主义理论是20世纪40年代西方新闻界普遍主张的理念，他们认为媒体不应该被控制，享有决定的自由，美国的新闻自由管理委员会推翻了之前媒体绝对自由的观点，首次提出了"媒体社会责任理论"，该理论指出媒体在享有相对自由的同时，还应该进行自我约束，为维护社会公共利益而积极履行自己的社会责任。新媒体平台是一种独特的社会力量以及社会公共资源，近年来已经渗透进社会生活的方方面面。正如传播学之父韦尔伯·施拉姆所言："媒介一经出现，就参与了一切意义重大的社会变革。"既然如此，那么坚持媒体的社会责任理论，利用自身的影响力引导社会态度、认知以及行为，使得社会事务和舆情朝着正确的方向发展，是新媒体义不容辞的担当和责任。

新媒体信息传播的政治意识就是坚持党的方针政策，同时保障广大网民和用户的知情权。今天的百姓群众对于自身知情权的要求越发高涨，其监督权也逐渐被强化，新媒体是代表广大群众来监督公权的。在信息传播的具体过程中，新媒体应当秉持一种审慎态度，力保信息传播准确性的同时以恰当方式协助政府服务社会。新媒体时代的媒介行业更多的是一种商业运行模式，达到其预定的商业目标是当前很多媒体企业的首要任务，当更多地考虑经济因素时有可能会偏离职业道德或行业规范，给社会带来无法预料的损失。因此，新媒体人要有较强的政治意识与责任意识，置社会公共利益于首位，扮演好"渠道"与"喉舌"的角色。

3. 建立起有效的新媒体—政府间沟通机制，加强自律，恪守行业规范和职业伦理

近些年新媒介实体如雨后春笋般不断涌现，诸多新媒体间的竞争也日益激烈，许多媒体为了追求轰动性的新闻或消息，博取读者的眼球，不管不顾事实真相，热衷"坏事件才是好新闻"法则，广泛报道负能量事务，扩大丑闻炒作，职业伦理道德日渐下滑。如果新闻炒作、负面爆料过度，就容易造成另外一种危机，即"媒体危机"。此时不加以控制与引导，现代信息媒体技术就能够将影响极速扭曲放大，导致难以想象的社会公害。这启示新媒体与政府之间必须建立有效的沟通机制，达成共识，尤其在危机和突发事件报道中，应该有行为规范，防止引起新的社会危机。由于蜂拥的新媒体生存"压力山大"，有极个别媒体为了获取一些不属于自己的不正当经济利益，存在许多不规范的行为，或不计社会效益迎合用户的好奇心，或为了市场利益挑战社会道德底线，这不仅需要政府有效监管，在鞭长莫及的信息海洋里更需要新媒体从业人员加强自律，包括组织和协会的行业自律、法人和个体的自身自律。

新媒体所具有的社会功能以及所扮演的角色由于社会制度环境的差异也会存在不同，但是无论是在哪种社会制度之下，以新闻报道为例来说，最基本的媒介行业规范原则仍然

是信息的真实性、时效性。新时代环境下理念已经转变了，不再是传统地认为媒体掌握的信息越多越不利于社会，更多的是认为让普通民众掌握更多的信息更加能够促进理性。西方经典的公共关系四模型，即新闻代理、公众信息、科学劝说、双向对称，亦是媒体干预舆情的四种模式，其中双向对称模式因契合新媒体时代特征，能动地与社会公众交流互动而被广泛推崇和采用。新媒体干预舆情事件和危机时，需要扮演好自己的角色，主动积极地发布真实事态信息。媒体行业规范和职业伦理道德是每一个新媒体人都必须遵守的。当然，要求传播真实信息，并不等同于必须提供所掌握的相关的全部信息，新媒体也要遵循传播规律，把握"质"与"量"之间的平衡关系，权衡和考量社会政治、文化、经济、法规以及意识形态、舆论倾向等方面的因素。

4. 积极与政府合作互动，把新媒体技术性与政府权威性有机结合起来

比如新媒体配合政府设置新媒体账号，培养网络评论员，参与议程设置，塑造意见领袖等等。新媒体机构积极欢迎政府在自己媒体上设立账号如微信公众号、官方微博等等，并帮助解决技术问题。虽然是政府的官方账号，但是要虚心向新媒体公司和机构学习媒介传播技巧与艺术。一方面，内容要紧贴社会生活，增加一些趣味性、娱乐性等元素，为用户、网民喜闻乐见，譬如利用拟人化吉祥物、形象等与网友互动，赢得认可以及彼此间亲近感；另一方面，基于政府权威性，内容设置的活泼性、娱乐性不可过度，否则就会影响官方账号的独特性、实用性，应当把握好其中的弹性和自由度。再如，配合政府培养专门的新媒体网络评论员。评论员要掌握新媒体引导相关的技巧，主动、广泛与网友打交道，具有严格的政治思想分寸和及时发现问题的敏锐嗅觉，成为协助当局管理者做出预警和有效应对舆情事件的关键角色。

5. 达成共识，服务社会

在信息社会里政府与新媒体的关系日渐密不可分，打破了传统相互猜忌的局面，虽然两者间的互动关系在新时期逐步走向健康有序的状态，但是在实践活动过程中，由于种种原因政府—新媒体关系还存在一定的阻力。建立政府与新媒体间良性互动关系，最主要的是达成共识。政府致力于"管理""秩序"，谋求"国泰民安"的社会效益；新媒体致力于"经营""利润"，谋求"吸引眼球"的经济效益。政府希望赢得"人心"和"口碑"，提升公信力；新媒体希望赢得"人心"和"口碑"，提升市场占有率。这些都可以通过兢兢业业地服务大众、服务社会来获得，政府和新媒体可以相向而行不相悖。只要找到两者间的共同理念，求同存异，劲儿才会往一处使，才能通向善治之路。

6. 完善关乎新媒体的法治系统

信息社会也是法治社会，夯实、健全有关新媒体的法制体系基础需要整体社会共同努力，不仅仅是新媒体行业和行政、权力机关。虽然我国针对新媒体先后已经颁布实施了多项法律法规，但是由于新媒体在我国发展起来相对较晚，同西方一些发达国家相比，我国新媒体相关的法制体系建设并不十分完善，部分法律法规制定也不健全，在某些领域还存在空白。我国应坚持科学发展、积极有效利用的原则，推进相关新媒体发展和舆情管理方

面的立法。一是对现有法律进行修改，提高法律适用性。虽然新媒体网络舆情是伴随互联网信息技术发展而产生的新生事物，但也是网络舆情的一种。在完善新媒体网络舆情管理的过程中，首先应该对现有的法律法规进行详细的补充和修改，使其覆盖范围更广、适用范围更广，节省人力、物力和财力。二是制定国家层面的有关新媒体的统领性法律法规。当前，我国有关新媒体立法的主体和具体执法的机构大都是政府部门，政出多门，标准不统一，因此就需要纲领性的统一管理的标准。三是明确新媒体管制的内容。当前涉及新媒体管制制度对管制的相关内容的规定只是比较普遍、模糊和笼统的。我国可借鉴先进国家和地区的法律条文和典型经验，在广泛征求新媒体和社会各界意见的基础上加以明确和具体化。

在我国全面建成小康社会、实现第一个百年奋斗目标之际，2020年注定成为不平凡的峥嵘岁月。2020年的抗疫战争有许多经验教训，建立政府与媒体良性互动关系更加迫切，诸如"百步亭万家宴"之类的武汉及湖北媒体乌龙事件及其深藏的痼疾与折射的症结不能忽略，需追根查源、深刻反思并引以为戒。"法治中国"建设目标体现了新时代我国的法治诉求和渴望，社会秩序和政府治理必须基于法律。政府—新媒体关系运作同样是建立在法制体系基础之上的法治化运作。建立、完善有关网络信息规范、社会舆情管控、新媒体治理的法制体系，这是新时代的共同任务，政府及人大、新媒体及传统媒体、广大网民以及整个社会行动起来立好法、用好法，在法治框架基础上走向善治之路。

## 四、政府公信力提升视角下的新媒体角色

新媒体对政府公信力的影响越来越大。首先论述了新媒体在提升政府公信力方面的角色优势：政府信息公开之首选，监督政府行为的新途径，以及政民互动的新平台。进而从这几个方面梳理了新媒体在提升政府公信力上的缺失。最后，探析了新媒体在政府公信力提升上的角色定位，认为应在健全信息公开制度上提高政务透明度，通过规范媒体角色发挥优势，政府重视新媒体并形成良性互动，推进政府公信力的不断提升。

### （一）政府公信力提升视角下的新媒体角色优势

按照新媒体本身的特点，新媒体语境下的信息传播将表现为身份多元性，即所有的信息发布者本身可能同时也扮演着信息传播者、信息接收者的角色。所有人都能够发布信息，所有的信息都会在一定范围之内引起舆论关注。在新媒体隐匿性特点下，许多网民在发言时顾忌很少，从而让舆论更容易聚焦于社会敏感问题上。从这个角度来说，新媒体能够为中国政府公信力提升做出一定贡献。

1. 新媒体有政府信息公开角色

新媒体往往被视为党和政府的喉舌，为政府发布信息、引导舆论提供便利。新媒体将政策文件中简洁但晦涩的书面语言转化为更容易阅读的新闻语言，以便让公众更准确、更

深入地了解政策信息。对于公众而言，媒体是了解政府行政行为的窗口，而对政府来说，媒体则是公开政务信息的重要渠道。

新媒体拥有广阔的覆盖面，其受众遍布社会各个阶层，传播速度极快，这也让新媒体比起传统媒体拥有绝对的速度优势，能够最便捷、最快速地传播政府信息。所以，新媒体应该作为政府公开发布政务信息的窗口，为公众提供更快、更全面的信息服务。比如，以往交通警察部门在发布道路交通信息时，往往会选用当地的交通广播频道，但在通常情况下，使用公共交通系统的公众很少会去听广播，这也就意味着交警部门发布的信息并没有真正给公众的出行带来便利；而如今，交警部门除了利用交通广播频道发布道路交通信息，还利用微博、微信、手机短信等方式向不同层面的公众发布信息，真正在信息发布层面做到了全覆盖、高接收率，在给公众出行带来便利的同时，也为政府部门树立了认真负责的良好形象。除此之外，中国各级政府在政务网建设上的不懈努力，给政务信息公开工作打下了坚实基础。

2. 新媒体有政府的监督角色

作为公共舆论的引导者，新媒体在舆论监督上扮演着重要角色，在反腐倡廉、遏制公权力滥用等方面有着突出贡献。具体来说，媒体以批评、质问政府部门及其公务人员的不当行为来约束政府行使公权力的范围、监督政府完成许诺目标。在新媒体环境下，媒体对提升政府公信力的作用日益加强，而其批评言论也被大多数公众所接受。比起"裁判和运动员集于一身"的行政监督而言，第三方媒体监督显然有着不可替代的独特作用。

首先，新媒体具有在信息传播上的传统优势。相比政府枯燥的公示文件书面内容，新媒体采取的多媒体（视频、音频、图片）综合传播更受广大公众欢迎，其内容传播也更为准确、深入。以微博为例，新浪微博除了能够发布140个字的标准微博，还能够配以多张图片和多部视频，甚至可以利用"长微博"技术制作出内容长达万字以上、图文并茂的微博，这也让微博用户能够更真切地看到事实真相，在事件发生后第一时间就形成一股有力的公共舆论，逼迫责任部门出面承认错误，追究相关工作人员的责任。

其次，新媒体拥有极强的公信力以及专业的采、编、传播能力。媒体工作者本身是依靠采编、传播知识谋生的，所以他们在面对新闻事件、观察社会问题时比一般人更细致、更认真，所以他们也常常能查出事件真相、洞悉事件本质，进而让媒体获得更高的公信力。在这一背景下，新媒体监督往往在敦促政府履行责任、曝光社会不公现象方面起到重要作用。近年来，新媒体在监督政府及其公务人员行政行为方面起到的作用日渐重要，公众也开始慢慢学会利用媒体监督政府使用公权力的行为。以雷政富、深圳"房叔"、"房姐"为代表的一大批腐败分子在媒体曝光下纷纷下台，更有许多政府部门"不作为""乱作为"的现象在媒体报道下被纠正、追责。以往，公众虽然能亲眼看见政府的不当行为，但却没有话语权和公信力，难以对失责人员、部门造成足够影响，而媒体则恰恰弥补了公众在话语权上的弱势，其强大的影响力迫使失责人员、部门不能再采取"掩耳盗铃"的敷衍手段，要为自身失责行为付出代价。

3. 新媒体为公众和政府之间提供了良性互动的平台

中国社会各领域目前正处于转型阶段，改革开放在推动经济、文化、科技发展的同时，也给中国社会带来了许多新问题。一方面，政府为了制定更客观、更科学、更符合现实需要的决策方案，就一定要获得大量有效、真实的社会信息。对于采编能力强大、社会资源丰富的媒体来说，他们恰好可以为政府提供最可靠、最翔实的社会信息，为政府了解社情民意做出贡献。另一方面，随着中国民主进程逐步深化，公众的民主意识、参政议政意识也在不断增强，他们渴望了解并监督政府及公务人员的工作，新媒体则可以在这一过程中充当政民之间的桥梁。例如，在微博中的众多政务微博账号，就常常发布政务信息，与网民实时沟通、解释政策条文、收集互联网民意。

### （二）政府公信力提升视角下的新媒体角色缺失

1. 无法满足公众全部知情权

新媒体作为目前最便捷、快速的传播途径，要充分发挥其在传达政府意愿、保障公众权利上的积极作用。首先就要求政府提高信息的透明度，向媒体提供第一手资料，让媒体及时把握舆论事件的来龙去脉，恰当、准确地将信息向外传播，增强广大公众对政府工作情况的了解，从而达到稳定社会秩序、保障公民知情权、提高政府公信力的目的。反之，政府处理信息时一味捂、盖，对媒体存在偏见而不愿与其联系，在出现网络舆论事件之后，媒体想对外澄清报道却无从下手，这不仅损害了公众的知情权和参与权，任由小道消息传播而扰乱公众视听、干扰理性舆论的导向，这些都对政府的能力和形象提出了严峻的挑战。

近年来，中国政府部门通过改革行政制度，试图实现公开行政、阳光行政。然而，由于中国政府是以层次分明、权力分配严格的官僚制结构组织起来的，所以许多公务人员仍然存在着"官僚主义"思想，严重阻碍了政务公开工作的施行。2008年，中国出台并实施的《政府信息公开条例》表明了政府本身透明行政、阳光行政的意愿，也对提升中国政府公信力有一定程度上的促进作用。然而，当我们详细解读相关条文时，也很容易看到目前国内政务信息公开渠道贫瘠、利益相关单位对相关信息避而不谈等问题。

2. 新媒体无法全面监督

新媒体在对政府部门相关敏感事件进行采访时，相关部门及领导干部往往会拒绝配合媒体工作。因为当媒体将这些问题公之于众时，就意味着有人需要为自己的不当行为被问责、被追究责任。所以，不少部门与地方政府常常将媒体工作者视为"洪水猛兽"，也非常畏惧来自社会各界的舆论压力，在公众知情权与自己被追究责任的天平之间，选择了瞒报、不公开，甚至是虚报政务信息。而作为新媒体，在调查、报道与政府有关的负面新闻时，则屡屡遭遇官方设下的重重障碍，不少地方政府及部门往往会用"事件信息过于敏感""尚未调查清楚不能报道"为由拒绝媒体进行深入调查，甚至联系当地宣传部门"封杀"事件相关报道，这也让许多媒体工作者感到十分无奈。近年来，国内突发公共事件频发，当我们回顾这些事件的起因时，可以看到其中不少事件应由事发当地政府及相关部门负责。然而，在这些事件爆发后，传统媒体却集体"失声"，任由互联网中的谣言、虚假信息肆意传播，新媒体无法实现全面监督。

3. 新媒体角色缺乏独立性

受传统管理体制的影响，传统媒体与新媒体都难具独立性，媒体工作者在采编、报道涉及政府的负面新闻时需要经过极其严苛的审查。诚然，新闻审查制度为维持中国经济社会繁荣稳定做出了突出贡献，但也使得中国媒体成为党和政府的"提线木偶"，严重阻碍了新媒体的监督工作。

部分地方政府在突发公共事件时对媒体的态度更是值得商榷，它们或是想"大事化小小事化了"，或是直接试图将事件真相隐瞒到底。近年来，类似于"毒奶粉""瘦肉精""塑化剂超标""皮鞋做胶囊"等关乎公众切身利益的食品药品安全问题频频发生，而事发地政府及相关部门往往为了保护"纳税大户"、避免地方经济受到影响，选择采取强硬手段进行新闻管制。殊不知在新媒体环境中，一味采取行政手段试图将事件真相掩盖，是极不可取的应对方式，一旦事件在新媒体中被揭露，政府往往需要面对比事发初期公布相关信息更严重的舆论压力，甚至直接降低公众对政府的信任度。由于当地宣传部门的存在，国内媒体圈有一个约定俗成的"潜规则"：有良心的新闻人在本省发布渠道被封死的情况下，常常会将调查结果直接发给外省媒体，而影响重大的国家级公共事件，则完全无法由媒体自主报道，更毋论独立监督。

4. 新媒体权利的不当使用

当我们从提升政府公信力的角度观察新媒体时，可以看到新媒体舆论监督最终是为了威慑和防止政府及公务人员渎职、滥用公权力等失当行为，敦促政府履行承诺。此外，新媒体还是满足广大普通公众知情权的重要工具，是公众参政议政的重要渠道。但是在媒体环境高度市场化的今天，部分媒体及媒体工作者为了商业利益，有意无意地传播或制造虚假信息，博取公众注意力，甚至将政府及公务人员的失当行为作为交换某种利益的筹码。这些现象也反映出了当前媒体工作者职业道德参差不齐的状况。鉴于部分媒体本身也在一定程度上存在不当行为，其新闻报道取向也令人怀疑，这也让我们不得不对媒体在提升政府公信力过程中能否真正起到监督作用产生疑问。媒体的公信力与话语权来源于经年累月的诚实报道以及对真相锲而不舍的追求，这些独特的魅力在岁月沉淀下才成为人们对媒体具有信任感的源泉。同理，媒体经过长期努力建立起来的公信力与话语权一旦被质疑，那么它很难再获得如从前般强大的影响力。

### （三）政府公信力提升视角下的新媒体角色探析

政府公信力提升视角下的新媒体应该是"准确信息的报道者""正确舆论的引导者""不当言行的监督者"和"公众利益的维护者"，发挥新媒体的优势使政府能够更好地为人民服务。

1. 健全信息公开制度，提高政务公开的透明度近年来，政府加大了阳光政府建设力度。然而，由于政府本身在政务信息公开上拥有最高决定权，所以政府自然会有意识地按照自身利益取向公开政务信息，从而使得信息公开工作始终落不到实处。作为信息资源的绝对掌控者，政府如果不公开政务信息，那么媒体舆论监督也难以实现。所以，提升政府公信力、实现媒体监督的首要条件，就是要在保证公共管理顺利运行的情况下最大限度上公开政务信息。

首先，落实好政务信息公开制度。就目前情况来看，《政府信息公开条例》在实施过程中，专职负责条例落实的机构仍处于初步建设阶段，暂时难以发挥督促政府公开信息的职能；各地政府信息资源管理能力参差不齐。所以，各地要根据《政府信息公开条例》的规定抓好落实工作，通过新媒体等手段公布信息，通过信息公开提升政府公信力。

其次，构建一套完整的政务公开制度。政府要让媒体充分发挥舆论监督作用，充分配合媒体采编工作，不得以非正当理由讳谈、避谈、拒谈负面信息，使相关问责制度能够落到实处。要完善新闻发布机制，定期召开新闻通气会，公布日常政务工作信息，并在公共事件发生后第一时间召开新闻发布会，通报事件信息，正面做出表态。要建立政务信息评判机制，在社会上号召广大公众对已公开政务信息进行评价，并判断这些信息的真伪，从而保证政务公开工作能够切实有效开展。要针对政务信息公开建立问责机制，严肃处理一切假报、虚报政务信息的行为，对相关责任人追究到底。

2. 转变思维模式，主动接受媒体的监督

各地方政府及有关部门应尽快摒弃旧有思维模式，深刻认识媒体工作的重要性，并积极配合媒体记者工作，把握舆论引导工作的主动性。

一是要健全新闻发布机制。就目前情况来看，当中国出现重大事件时，一般会通过新闻发言人制度来应对。作为官方代表，新闻发言人针对某一公共事件做出表态，为公众答疑解惑，并最终通过媒体将相关信息公之于众。该制度能够为广大公众提供最受关注的热点政务信息，使满足公众知情权成为现实，在推动政府公信力建设进程的同时，也能够巩固政府权威，提升政府公信力。所以，政府应在公共事件发生后第一时间收集相关情报，并通过新闻发言人制度迅速为公众提供事件信息，同时及时公布事件的最新进展。政府通过新闻发言人制度表现出的积极态度，将在很大程度上影响媒体的新闻报道方向，进而牢牢抓住舆论引导工作主动权，安抚公众，避免谣言占领舆论制高点。

二是建立一支优秀的新闻发言人队伍。要建立知识结构完备、专业能力较强、应变迅速的高素质新闻发言人队伍。目前，国内的新闻发言人队伍专业技能水平较低，不仅难以体现新闻发言人制度的优越性，甚至还会导致负面影响。要构建针对新闻发言人制度的问责、追责机制。新闻发言人代表了政府的官方形象，这也就意味着新闻发言人所说的每一句话都代表了政府的态度与决策取向。因此，新闻发言人若不能够提供准确、真实、及时的信息，那么媒体将对政府公开信息的能力甚至是意愿提出疑问；若是新闻发言人在应对媒体疑问时出现推诿行为，那么媒体将很可能会抨击政府处理事件的决心，甚至会怀疑事件背后另有隐情。新闻发言人必须将自己视为政府的化身，如果其发言未能传达政府真实意愿、未能准确描述政府决策方案，那么新闻发言人将为其行为造成的负面影响负应有责任。

三是政府应积极配合媒体工作，主动承担决策或行为失当责任。过去，部分政府部门官员存在官僚主义倾向，认为行政工作及其相关信息是"国家机密"，不应该也没有必要对媒体及公众做出任何解释。这也导致了不少地方政府在面对负面消息时采取消极应对手段。但在新媒体越来越发达的今天，政府的一切行政行为都将充分暴露在公众视野中，计划经济时代常常使用的消极应对手段已然无法适应现代公共管理以及公共关系工作的现实需求。相反，这些消极手段往往还会使事件向更恶化的方向发展。可见，在当今社会，政府只有深刻认识到媒体工作的重要性，才能真正做好舆论引导工作。各地政府要在公共事件发生后第一时间站出来承认自身失误，并公布补救措施及后续方案，做好群众工作与媒体工作，才能真正把握舆论引导主动权，避免在媒体与公共舆论压力下陷入被动局面。同时，政府应尽快制定突发公共事件应急预案，并在事发后迅速按照既定流程开展工作，才能避免忙中出错、措手不及。

### 3. 加强媒体角色规范，发挥媒体角色优势

《中共中央关于全面深化改革若干重大问题的决定》指出，要"健全民主监督、法律监督、舆论监督机制，运用和规范互联网监督"。新媒体扮演监督的角色，地位十分重要。要重视媒体角色构建工作，确保媒体能够准确、不偏不倚地报道政府信息，永远将真实作为媒体工作的第一标准。媒体记者以及评论员应把握好人文关怀与真实报道之间的关系，并时刻注重自我反省、自我检讨，避免新闻报道成为政治利益或商业利益影响下的怪胎，维护自身公信力。在提升政府公信力视角下，媒体扮演着舆论监督政府行为、追究政府决策失误的重要角色。自改革开放以来，党和政府一直致力于推进中国民主化进程，媒体逐渐成为提升政府公信力工作的重要部分。像新媒体中的政务微博，就常常收到来自其他新媒体采用"@"功能或是"私信"功能进行的政府不当行为举报，通过微博平台强大的舆论影响力迫使政府部门对不当行为责任人追究到底。换言之，如果政府及公职人员缺乏媒体监督，那么政府将会隐瞒、淡化事件信息，最终责任人也不会受到任何惩罚，这显然是与政府公信力提升的理念背道而驰的，足见媒体监督问责的重要性。然而，我们也必须看到国内媒体在监督问责上发挥的作用，与中国政府公信力提升的要求仍存在较大差距。要充分发挥媒体的监督作用，就要规范媒体角色，具体来说，应做好下列两点：

一是依法保障新媒体的自由报道权。媒体除了有新闻报道、舆论监督责任，还扮演着党和政府喉舌这一重要角色，其采编信息需要通过政府宣传部门严格审查方能报道、发表，这在维护社会繁荣稳定的同时，也极大挫伤了媒体舆论监督的热情。所以，政府应在确保社会繁荣稳定的同时给予媒体新闻报道更大空间、更多自由度。与此同时，应尽快制定并颁布一整套完善的基础性新闻法律，确保媒体合法报道权利不受侵犯。要让媒体能够督促政府执行信息公开，履行公共服务、公共管理承诺。新媒体要履行好舆论监督职能、促进政府公信力提升，必须要获得应有的独立性，一个没有独立性、被各方利益关系牵扯过深

的媒体，对于政府公信力的提升毫无意义。应该以法律法规保护媒体新闻自由，我们目前还未出台一部明确媒体新闻报道权责、保护媒体报道自由的基础性法律法规。政府应加大新闻媒体法治建设力度，使媒体能够真正发挥其应有作用。在十八大以及十八届三中全会上，不少代表都倡议建立《新闻法》以确保媒体自由报道权、促进政府公信力提升，这也能看出当前中国最高立法机关与执政党都开始重视《新闻法》的重要性。

二是加强媒体自身建设，提高媒体的公信力。除了通过《新闻法》确保媒体新闻报道自由外，媒体还应该重视自身公信力建设工作，以获得公众信任、做好舆论监督政府及公务人员行为的工作，从而促进政府公信力提升。一个媒体的公信力来源于其新闻报道内容是否真实、严谨，能否在事件失去时效性前及时发布相关信息。如果媒体未能做好上述本职工作，那么其新闻报道将得不到公众的信任，而舆论监督政府则更是无从谈起。一方面，要建立一支道德水平高、专业能力强的高素质媒体人才队伍。中国媒体人一定要在工作过程中持续学习媒体专业知识，并时刻谨记身为"第四部门"的社会责任感，加深媒体从业者对职业道德的认识，为公众提供及时、准确、不偏不倚的新闻报道，避免立场与主观情感影响新闻内容。另一方面，各媒体单位要做好内部审查工作，通过严格审查确保新闻报道的严谨性。虽然新闻工作者通常受教育程度较高，也接受过专业培训，但毕竟来自不同社会阶层，知识结构也千差万别，所以在理解政务信息时出现偏差也在所难免。因此，为使得媒体能准确、深刻地解读政务信息，就要在媒体内部构建一个严格自审机制，群策群力解读政务信息。除此之外，当政府及公职人员出现贪腐、渎职、乱作为等不良现象时，媒体也应该以冷静、客观的口吻报道相关新闻，切勿用极端语气抨击相关人、事，以免激化矛盾，酿成舆情危机。

### 4.重视新媒体，政府与媒体形成良性互动

政府要认识到新媒体在提升政府公信力、监督政府履行职能等方面的积极作用，以积极主动的姿态面对媒体，配合新媒体的采访、报道等工作，这是新媒体时代舆论导向工作的关键。

一是建立政府针对媒体监督的快速回应机制。政府回应的快慢以及回应内容是否让公众满意都是政府公信力提升的关键。政府一定要重视新媒体，在第一时间做出回应，又快又准地公布信息。就目前情况来看，部分地方政府都不同程度地存在着消极应对媒体问责或是应对不及时等现象。应彻底摒弃"不回应""大事化小、小事化了"等消极想法。在新媒体迅速崛起、信息传播速度加快的现代社会，政府的敷衍态度往往会导致谣言占据舆论制高点，进而导致更大的负面影响。所以，政府应构建一个应对媒体的应急预案，借助新媒体打消公众疑虑。

二是建立政府与新媒体间的良性互动。在新媒体日趋发达的今天，必须形成"自媒体—传统媒体—全媒体—政府回应"的新型互动模式。政府与新媒体之间要互相信任、互相推动，要意识到这是一项双向工作，仅仅依靠两者任意一方面的努力是不够的。媒体在通过《宪法》与《新闻法》确保自身新闻自由不受侵犯的同时，还要深刻认识到自身肩负着沉

重的社会责任,不允许为了商业利益哗众取宠、通过一味地抨击政府博取公众眼球,而是要时常警醒自己,不偏不倚地做好新闻报道工作,成为公众与政府之间沟通的桥梁。而政府方面,必须严格限制公权力对新闻报道的干涉行为,对媒体工作者的工作表示理解和宽容,以较为温和的方式主动、积极地与媒体进行沟通交流,深刻认识到媒体对自身工作的促进作用。新媒体作为环境的监测者、社会的守望者、公共利益的服务者,有责任"眼观六路,耳闻八方",对各种杂音和不当行为,以及错误做法进行批评和揭露,营造健康、良性、有利于事件有效解决的舆论环境。

三是提升政府运用信息网络等新媒体的能力。政府要深入研究网上舆论引导的特点和规律,掌握微博、微信等新媒体的使用方法和运作方式,通过移动电视、手机报、短信、微博等新媒体,使党群关系更密切,干群之间更直接。

# 第二章 新媒体中的传播

人类的传播活动，从人际传播到大众媒体的传播，无一不是技术、社会、文化、市场等多种因素推动下的不断进步与融合。每一次发展，每一种新兴媒体的出现，都是对原有媒体的延伸和拓展。从书籍、报刊、广播电视，再到现在业已成为主流的网络新媒体，不仅是出现了一种又一种不同的媒体形式，而且信息的传播结构与空间也发生了一系列的变化，比如由以传者为中心的大众传播向以受者为中心的小众传播的方向转变等。随着媒体数字化和传播网络化的进程持续不断，网络新媒体对人类生活的影响也越来越深刻。同时，复杂多样的文化交流与生活方式的变革，也促使媒体传播的结构与方式发生深刻的变化。

考察人类的信息传播形态，任何媒体的信息传播都遵循基本的传播规律。信息从信息源产生后，通常由发布者通过特定的传播介质发布，然后信息经过固定的渠道到达信息接收者，接收者再对信息做出一定的回应。每一种传统媒体的革新，基本都着眼于加强传媒界质的效果、拓宽信息传播的渠道、丰富传播信息的类型。而其遵循的传播模式是固定不变的。技术的进步促进了媒体与传播的革命性变化，以往因媒体差异带来的传播方式区分在网络新媒体时代失去了意义。网络与新媒体完全融合了语言、文字、印刷、出版、电影、广播、电视等媒体，构建成了一种融合的传播形态。信息传播的模式也随之发生了相应的改变。

作为对现代社会影响广泛的媒体，其发展变化的动因，表面上看是出于技术的进步，但从社会整体发展的角度看，网络新媒体的传播发展绝非简单的技术问题，需要综合考虑社会系统中很多因素，考量它在传播、营销、文化、社会等领域中所激发的意义与影响。

## 第一节 新媒体的传播模式

传播是一个从传者到受者的信息流通过程。在实际生活中，人类的传播活动具有普遍性，传播各组成要素之间相互联系、作用，但按照系统理论观点，它同时还是一个与社会大系统中各个组成部分发生多边关系的子系统，这就使得传播系统及其结构纷繁复杂。研究信息传播的基本过程，用系统理论观点下的模式化方法是一个好选择。用模式化方法去研究传播的内在结构以及构成的诸多要素之间的关系，能够使复杂的传播结构直观且简化，能够使无止境、循环往复的传播过程固定化、静止化，从而能够进一步认识和研究传播的特点与规律。传播学研究中使用模式化方法建构传播模式，实际上就是科学地、抽象地在理论上把握传播的基本结构与过程，描述其中的要素、环节及相关变量的关系。这种模式方法对传统媒体和网络新媒体的传播研究都简捷有效。

网络新媒体是建立在数字技术发展的基础之上的。但网络新媒体并非一种全新的、独立的媒体，它更多的是作为一种手段、载体、中介、技术平台，通过传播的内在过程，影响到传播的方式、形式、形态或效果甚至理念，新旧之分只是相对的，媒体的数字化只是反映了传播的媒体表现形式的变化而不是对既有传播通道的取代。在传播的意义上，网络新媒体与传统媒体是一致的，都致力于对传播目的的深化和完善。

传播学一般将传播形态分为自我传播、人际传播、群体传播、组织传播、大众传播等。网络新媒体常见的信息传递方式有广播、组播、点播、P2P 等。尽管在某些表现形式或运用方式上两者还有显著区别，但在传播特点上它们高度一致。大众传播可以说就是一对多（不知道确切的受众）的广播，群体传播和组织传播是组播，人际传播就是点播或者 P2P。由此，网络新媒体的传播模式仍可以在传统媒体的传播模式中得到解释。

## 一、媒体传播的基本模式

### （一）SMCR 模式

SMCR 模式又称贝罗模式，其中 S 代表信息源 source，M 代表信息 message，C 代表通道 channel，R 代表接收者 receiver。SMCR 模式明确而形象地说明了影响信息源、接收者和信息传播的条件，说明信息传播可以通过不同的方式和渠道，而最终效果不是由传播过程中某一部分决定的，而是由组成传播过程的信息源、信息、通道和接收者四部分以及它们之间的关系共同决定的，传播过程中每一组成部分又受其自身因素的制约。信息源是传播的起点；信息是需要交流传播的内容；编码器将信息译成可被传播的形式，这种形式通常是人类感官不能直接感知的；通道是用以从某地向异地传递信息的媒介或传输系统；解码器将编码过程逆转过来；接收者是传播的终点；介于信息源与接收者之间的反馈机制可被用于调节传播的流动；噪声指在信息交换过程中可能带入的任何失真或误差。

SMCR 是传播过程的一种基本模式，它简要分析了信息在从信息源→信息→通道→接收者然后返回到信息源地来回传递这一过程中的信息交流。此模式可应用于人类传播的所有形式。

从传播方式看，人类社会的传播经历了口语传播、模拟技术传播和数字新媒体传播三个阶段。

（1）口语传播是典型的点对点、面对面的对话式人际循环传播。它提供了面对面的可观、可听、可感的交流情境，此时传播的主体互为传者和受者，成为传播的施动者。媒体使用的主要是口头语言和非语言如动作、眼神、面部表情等。人际传播的信息交换有了在场性，因而突出地显示了传播的本质。施动者间的传播不仅是双向的，而且是循环的，不一定有明确的过程。受传播施动者的生理限度以及时间、空间局限的影响，施动者之间传播的信息量小，信息范围狭窄，信息质量很难保证，因此很少能满足双方可接受的、接收能力范围内的信息量与质的需求。

（2）模拟技术传播阶段的显著特征是大众单向传播。如文字描述是对现实的模拟，难以做到对现实的完全复现。印刷技术是批量复制技术，它的产品很难被及时修改。电子模拟技术在不断的传播中容易使信息失真、扭曲。这些都是大众单向传播的基本特点。大众传播是媒体组织采用现代机器设备，大批复制并迅速传播信息，从而广泛影响受众的过程。这种有计划的、一对多的、大批量发散信息的传播，使人们能实现跨时空的、大范围的交流。但传统大众传播是单向性传播，信息反馈渠道不畅、反馈功能不强。大批经媒体组织编译、整理、复制的信息封闭式地传递给被简约化、同质化了的受众，容易造成社会意识的单一化，形成对社会舆论的控制，传播效率难以进一步提高。

（3）数字新媒体传播阶段的最大特征就是大众互动传播。数字媒体的出现及其技术的不断创新与扩散，使得传统大众单向性传播迈入了数字新媒体传播时代的新阶段。这个还处于继续发展中的阶段，其主导特征就是互动式传播，而且是大众性的双向互动式传播。网络新媒体传播融合了传统媒体良好的传播功能，在更高层次上体现了真正意义上的传播特性。

### （二）奥斯古德—施拉姆循环模式

威尔伯·施拉姆（Wilbur Lang Schramm）在奥斯古德（Charles Egerton Osgood）的传播模式的基础上，提出了传播的循环模式。这一模式突出了信息传播过程的循环性，强调在传播中信息会产生反馈，并为传播双方所共享。另外，它对以前单向直线模式的另一个突破是：更强调传受双方的相互转化。它对传统的单向直线模式是一个补充。其缺点是未能区分传受双方的地位差别，因为在实际生活中传受双方的地位很少是完全平等的，所以这个模式虽然能够较好地体现人际传播尤其是面对面传播的特点，却不能适用于大众传播过程。

如果将这一模式与网络新媒体中的互动电视（如网络电视、手机电视等）传播过程相对照，就会发现它们之间有着惊人的相似之处。

无论是利用 SMCR 模式还是利用奥斯古德—施拉姆循环模式来表征数字新媒体传播的基本模式，都可以清楚地发现在数字新媒体的传播过程中，互动传播和即时传播是数字新媒体传播最显著的共性。因此，这些传播模式对研究各类数字新媒体传播具有较为基础和广泛的示范意义。

## 二、网络新媒体的融合传播

网络新媒体的融合传播是一个复杂且具高度综合性的问题，这在信息编码及传播介质两方面有充分体现。

由于新媒体由各种数字化的元素组合而成，只是在格式和码率上有所区分，在传播过程中，媒体的内容信息都是以数字化元素形式出现。比如，描述文字信息的文本元素与描述电视节目的声音和图像元素，在传统模拟传播时代有很大差异，但在数字化媒体中则没有任何本质上的区别，这犹如将不同的信息编码方式进行了统一，为在传播的根本环节上不同类型的媒体相互融通提供了实际的可能性。

传播介质方面也体现了网络新媒体传播的融合形态，由于数字传播技术介入媒体传播领域，不同的传播方式可以在同一个传输平台上实现，比如，借助数字交互技术，可以在广播电视网络中同时实现广播、组播和点播等，这种多样性的数字传播方式使得不同的传播方式整合成了一种数字媒体传播。

## （一）新媒体内容的数字化

在技术层面，由于数字技术的发展和应用，广播电视、语音、数据等信号都可以通过统一编码进行传输和交换，成为统一的"0"和"1"比特流。尼葛洛庞帝在其著名的《数字化生存》一书中就指出：在数字世界里，媒体不再是信息，而是信息的化身。一条信息可能有多个化身，从相同的数据中自然生成。所有传播的信息都可以通过"0"和"1"的组合形式表现出来，统一数字化的媒体抹平了众多媒体的差异，最后整合为一种传播媒体，也就是数字传播媒体。

从传播历史进程来看，口语传播、文字传播、印刷传播、电子传播的发展是一个依次叠加的进程，在媒体数字化之后，这些传播活动方式可能在一个平台上汇集，即互联网传播。根据国际电信联盟对媒体的分类，感觉、表述、表现、储存媒体（如声音、文字、图形和图像），语音编码、图像编码等各种编码，硬盘、光盘等存储媒体，都可以整合到一台计算机中，使计算机成为一个综合性的传播媒体。

数字新媒体的传播媒体整合形态典型地体现在互联网等传播平台上。这种平台系统集声音、图像、数据于一体，并有按需存储和交互功能。信息的数字化涵盖会话、数字、文字、图形、音乐、电影和游戏等内容，使各种信息能被计算机储存、处理和传输。数据库里的信息和处理程序可以由其他用户自由访问、传送、直接使用或存储。另外，这种系统是交互式的，通过简单的设备，所有的信息站点和用户都能互联。用户可以与其他用户或站点相连，也可以从站点或其他用户那里得到直接或单独的回应。

## （二）新媒体传播的数字化

人际传播是个体与个体之间的信息交流活动，因此交互性是人际传播的主要优势。但是，传统人际传播的范围非常有限，且传播资源也相对匮乏，这是人际传播天然的不足之处。

大众传播是指专门的传播机构通过特定的技术手段或工具向为数众多的、分散的受众进行的大规模信息传播活动。大众传播超越了人际传播及组织传播的局限，可以通过传播媒体把信息传播给为数众多的、地域分散的广大受众。但是大众传播是单向的传播，信息的及时反馈和交互无法实现，因此传播的深度和效果远不如人际传播。

在网络新媒体传播方式中，点播和P2P就是一种在数字技术背景下实现的新的人际传播，借助数字技术和网络技术，突破了传统人际传播的范围有限和资源匮乏的缺陷。大众传播方面，对传统媒体数字化之后产生的数字电视广播、数字音频广播等，目前仍然是主流媒体。但是，随着数字新媒体技术的进一步发展与提升，这种数字化的大众媒体也突破了自身所具有的大众传播的局限和特质，不仅融入了组织传播的功能，还融入了更多的交互功能，也逐步呈现了人际传播的特质。

由此可见，网络新媒体的传播就是借助数字传播技术将人类社会的各种传播形态予以有机整合，充分发挥各种手段的优势，形成人类媒体传播的新形态。特别是人际传播与大众传播结合的传播方式，一方面增加了大众传播的深度，另一方面扩大了人际传播的范围和增加了人际传播的信息资源。正是这种高度整合的社会性传播，加快了信息传播的速度，提高了信息传播的容量，降低了信息传播的成本，加强了信息传播的效果，数字新媒体传播整合将成为当今数字新媒体传播的一种趋势、一种必然。

## 第二节　新媒体的传播特征与属性

通过对网络新媒体的传播模式的分析可以发现，由于数字技术和网络技术介入传媒领域，原先各种传统媒体单一的传播特质发生了深刻变革，演变成一种高度交叉或融合的社会性传播，从而显现出新媒体有别于传统媒体的特有的传播特征与属性。随着网络新媒体技术进一步发展与应用，传统媒体不断数字化，新的数字媒体层出不穷，传媒服务平台日新月异，网络新媒体显著的传播优势会得到进一步的体现。

### 一、新媒体的传播特征

#### （一）数字化传播

数字媒体是由数字化的元素组合而成的，不同媒体形式之间没有实质差别，只有格式的区分。如一个电视节目的画面、声音只能是由多少码率的传输流组成。一个文字文件可以是txt格式，也可以是PDF格式。由于媒体的数字化，用来描述一张报纸报道的文本元素与用来描述一个广播电视节目的声音或图像元素没有什么本质上的区别。数字化的媒体可以实现更加简洁多样的传播，这样观众可以通过执行筛选、复制、下载、储存、添加、转发、搜索、链接、整合等程序指令把媒体元素打散，按照自己的需要进行组合以获取信息。

#### （二）复合化传播

复合化传播指网络新媒体的传播同时兼具自我传播、人际传播、组织传播和大众传播等不同的形态。早期的个人网站，后来的博客，再到移动端的微博、微信，网民发出信息，自己也浏览自己发出的信息，在这个过程中，信息的发出者和接收者是同一个人，它存在的反馈，是由人的自我感觉和自我意识构成的，这不就是自我传播吗？网络新媒体中的电子邮件、私聊，展示的是个人与个人之间的信息传播，体现了人际的传播，由于网络突破了时间和空间的限制，其平台上的人际传播拥有了更大的广泛性、偶然性和多重性，甚至陌生网友之间的匿名性。很多单位、企业、公司都有自己的办公系统，加上QQ群、微信群，共同目标和协作意愿特别明显，这显然是组织传播的网络化。网站新闻栏目、网络新闻APP、官微、微信公众号，拥有专业信息传播者，通过一定的机构和技术向大量分散、不确定的受众传播信息，完全展示了大众传播的面目。网络传播融合了自我传播、人际传播、组织传播、大众传播等诸多传播类型，也可以说这4种类型的传播交织纠缠在一起，形成一种散布型网状传播结构。

（三）积极性传播

从大众传播模式的分析可以看出，对受众来说，传统大众媒体基本是被动性传播，受众在传播过程中的作用往往只是被动接受，消极地扮演信息接收者的角色。无论是报纸、杂志等平面媒体，还是广播、电视等电子媒体，受众都处于同样的地位，传统媒介将信息"推"（Push）给受众。

而在网络上，受众自己选择"拉"（Pull）出信息。网络新媒体极大地提高了用户主动选择的可能性和可行性，新媒体的特性使主动化传播得到体现。比如，用户在阅读数字报刊时，可以随时发表自己的见解，提出补充或修改意见。也可以在观看视频时根据自己的时间安排和喜好，自由选择观看时间和方式。在观看体育赛事转播时，可以自由选择观看的角度（机位）和场面。另外，用户在计算机前可以主动地、不时地做出选择、发出指令，让计算机按照用户的意愿去工作。

（四）个性化传播

传统大众传播以群体化为取向，以满足大多数受众的需求为目的，提供给绝大多数受众的消费信息几乎一样，选择余地小且内容基本上是由传播者统一决定的。网络新媒体的发展使大众传播发生了根本变化。与传统媒体相比，新媒体的受众群变得越来越小，但是影响变得越来越大，甚至能参与内容的制造。

在从传统的大众媒体向交互的新媒体转移的过程中，受众的权力是递增的。传播权力变化和转移的结果使个性化传播逐渐兴起，并成为网络新媒体又一个典型的传播特征。一方面强大的新媒体技术使得大众传播的覆盖面越来越大；另一方面又可以使传播的指向性越来越小，实现窄播直至个人化传播，以致个人化的双向交流成为现实。正如尼葛洛庞帝在《数字化生存》中所论述的，在后大众传播时代（数字媒体传播时代），信息变得极端个人化，个人化是窄播的延伸，受众从大众到较小和更小的群体，最后终于只针对个人。

## 二、新媒体的传播属性

### （一）交互性

在传播领域，交互常常被当作双向的同义词。交互传播一般指信息接收者能实时将信息反馈给信息源以修改传播内容。实际上人际传播的交互性是最典型的，谈话中两个人不仅轮流倾听对方，而且可以根据收到的变化信息及时调整他们的反应。传统大众传播也有一定的交互性，像报纸、杂志的读者来信，电台的听众热线，电视的现场参与等都包含了传授之间的交互。

在网络新媒体中，由于计算机、智能手机、互联网等数字终端和网络技术的进步，媒体操作、处理、运算的性能得到了极大的改进和提升，交互响应越来越直接充分，有时甚至超越人的承受能力。比如，当用户查询某个资料、某条信息时，随即涌现出成百上千个选择，导致搜索者本人回应不及。网络新媒体优越的交互性还体现在它可以超越时空，并能提供多样化交互形式，如上网点击，回应的表现方式有文字、声音、图片、动态图像、影像等。在网络平台上，传授两方的反馈渠道不再薄弱，而是变得强大，往往还更有力、速度更快，传授纵向之间有反馈，且传授横向之间也有反馈，呈现出多元动态沟通的局面。

### （二）人本性

传播作为一项社会行为，根本目的是维护人的根本利益，促进社会的健康发展。最符合人的发展需要的信息传播，即人本性的传播，应该是自由的、充分的、便利的、有价值和有意义的，能满足个人生活和社会活动所需要的种种思想和精神的共享与交流。在数字加网络的新媒体时代，更加重视人的需求和感受，个人通过互联网、手机可以随时进行信息沟通，人际传播的性质和优势得到凸显和强化，传统的、倾向于无差异的广大受众，开始分隔为趣味相投的或者利害相关的小众，如各种各样的网络社团、论坛群体、短信交友俱乐部等。在小众中，以某种共通的概念为表征，人们也许更容易找到志趣相投的伙伴，从而舒展个人的意愿及表达空间，促进社会的多元化发展进程。

数字新媒体传播的人本性也体现在因数字技术提供的保障和便利让使用者可以根据自身的个性需求而有针对性地、有效地接收和传播信息。保罗·莱文森（Paul Levinson）在《数字麦克卢汉——信息化新纪元指南》一书中对互联网等新媒体现象进行了深入的分析，认为在新一轮信息时代来临时，权力结构将面临巨变，数字时代打破了中央集权，人微不再言轻，个人角色因重新赋权而变得更重要。

### （三）融合性

新媒体传播的融合性指所有的传播技术都快速地融合成一种普通的计算机可识别的数字形式。由于新媒体的基础技术是全世界一致的数字技术，信息传播可以轻易跨越媒体形态，甚至跨越国界。高性能的互联网络与数字电话、电子文件、计算机数据以及视频传输等自由结合,使每一个人都能在家里享受到全球一致的信息传播服务。

美国南加利福尼亚州大学视觉艺术系教授列夫·马诺维奇在《新媒体的语言》一书中提出了其独到的软件媒体（Software Media）理论。软件媒体的特征是可计算、可编程。他认为在计算机时代,电影以及其他已经成熟的文化形式,已经真实地变成了程序代码。它现在可以被用来沟通所有形态的资料与经验,并且其语言被编码在软件程序、硬设备的接口与预设状态中。通过数字的表现,一个物体按照一定的算法可以被数字化地描述,即媒体变成了可编程的媒体。旧媒体的重造依赖于原始的物体,而新媒体具有可变性,它允许读者可以选择性地组合要观看的内容。这样,新媒体成了计算机与文化之间的转换层（Transcoding）的中心,即文化的电脑化逐渐使不同的文化类别进行了转换和融合。

### （四）即时性

传播的即时性也称实时性,指传播过程中传播者和接收者在时间的流程中同时共存、即时响应。在传统大众媒体传播时,报纸和杂志由于印刷本身的限制,无法即时,但是广播与电视作为电子媒体却有实况直播,与受众可以同时共存。那网络新媒体的即时性跟它们相比优势体现在哪儿？1999年,南联盟使馆被炸案第一个报道的不是电视台,也不是通讯社、广播电台,而是新浪网。针对没有预设的事件、突发性事件,只有网络才能做到即时传播。尤其在移动网络已经普及的今天,智能手机、平板电脑如影随形,每一个突然事件的现场总有网友在场,即时传播总能实现。

### （五）主动性

新媒体传播的主动性体现在使用者可以把媒体元素打散,并按照自己的需要进行组合,可以真正实现点播数字新媒体内容。比如,在数字电视播放时,用户可选择自己喜欢或需要的节目观看,也可以下载多个节目,然后通过剪接组成另一个节目样式。传统大众媒体传播是以"推"的方式发送信息,受众只能被动接受媒体推送的一切,而互联网上媒体传播要求受众用"拉"的方式获取信息,受众需要根据自己的喜好和需要,在信息海洋中挑选自己需要和适合的信息。很多网站采用门户方式允许用户选择一些想要的内容,如天气、体育、图片、新闻、电子邮件等。万维网上的搜索引擎使用户通过关键词来完成查询,预示着未来媒体可以由用户进行控制。

## 三、新媒体的传播优势

传统媒体的传播和发展,走的都是同质化传播的路径,把相同或类似的信息,毫无区别地传达给受众。传统媒体高度同质化的传播,不仅仅是同质化的内容不断地重复传播,把传播对象也同质化,更重要的是在这种缺乏变异的传播过程中,受众被迫取消了个性,取消了独立意见的表达权,取消了参与意识,没有自主选择的余地。

数字新媒体的出现,首先带来的是海量信息,其次是互动性。两者都意味着某种程度上的自主选择权。信息传播在经历了传统大众媒体多年"点对面"式的集中传播后,又再次回归到传者与受者自主选择、自由定向的"点对点"式人际传播。这种无缝式的信息链接,是通过"点对点""点对面""面对点"和"面对面"四种典型化的数字新媒体传播模式有机融合而成。在"点对点"的新媒体传播模式中,不论是信息本身,还是信息的传播者或接收者,都是高度差异化的。

异质化传播是数字新媒体的本质优势,创造了一种新的个体化的公共媒体,建立了技术化的人际传播结构,历史性地提供了异质化信息的全球化传播。数字新媒体还原了人在大众化信息传播中的本体性,人不再被当作无差异的某个整体,这在人类历史上具有很重要的现实意义。

### (一)传播损耗趋零

在传统媒体传播实践中,传播过程中的信息损耗难以避免。在传统大众媒体中,信息从制作者、传播者,最后到受众那里,经过了多次损耗(尤其是广播电视媒体传输环节的损耗最大),不能实现完全的真传播。这里的损耗既包括信息传输过程中的物理性变异、衰减,也包括对传播的信息内容所做的事实判断和价值判断,如编辑、审查等环节的影响。与传统媒体相比,新媒体在传播上的优势是信息在传递过程中几乎没有损耗,因为数字信号不容易被干扰或更改,只要基本的"0"和"1"模式仍然能被识别出来,原始的传送就能被还原。而且新媒体很大程度上消解了传统媒体的权威性和把关人环节,信息传播过程中被人为干预或扭曲的可能性也大为降低。

### (二)海量信息

传统媒体传播的信息量总会受到传媒介质特质的局限,达到基本限度后,哪怕想要在传播中增加少量信息,都需要付出更高的代价。如报社采取扩期、扩版的方式增加报纸容量,电视台则增加频道和播出时间,代价高昂,但成效非常有限。新媒体的介质采用数字化编码并使用数字化压缩技术,这样不但提高了信息的传播质量,也增加了信息存储容量和传输时的信道容量。网络中的超链接(Hyperlink)是一种非线性的信息组织方式,它被设计成模拟人类思维方式的文本,即数据中包含了与其他数据的链接,用户单击文本中加以标注的一些特殊的关键单词和图像,就能打开另一个文本,受众由此可以拥有前所未有的巨量信息,并且随时随地根据自己的需求和意愿,进行信息的多向传播。

### (三)便利快捷

网络新媒体上的信息能够以接近光速的速度进行传播,更快更便利地到达受众,不受气候、环境以及地理因素的影响。数字新媒体的日益普及为人们提供了更多方便快捷的信息接收渠道和信息传播途径。以手机的发展为例,保罗·莱文森在其著作《手机:挡不住的呼唤》中认为手机的出现为人类的传播带来极大的福祉。人类有两种基本的交流方式:说话和走路。但是,自人类诞生之日起,这两个功能就开始分割,直到手机横空出世,将这两种相对独立的功能整合起来,集于一身。手机之前的一切媒体,即使是最神奇的电脑也把说话和走路、生产和消费分割开来。唯独手机能够使人一边走路一边说话。于是,人就从机器跟前和紧闭的室内解放出来,进入大自然,漫游世界。无线移动的无线双向交流潜力,使手机成为信息传播最方便的媒体。

### (四)成本低廉

尼葛洛庞帝认为,新的传播媒体带来的一个变化是新技术删减了很多媒体机构中的中间层面的组织,并且将大众传媒业重新精简为小型的作坊行业。当然,大型的媒体公司仍然存在,实际上它们会变得比以前更为壮大,但是生产一种媒体产品所需要的人力却大大缩减了。例如在一台计算机上编辑出版一些资料,不论是新闻简讯还是图书、杂志,只要一个人就足够了。由于数字技术的支持,一个人利用一台功能强劲的计算机可以制作一部完整的电影,而无需摄影棚、道具背景甚至演员。便携式摄像机、声频录音机和数码编辑器使得制作人足不出户便能创造出形形色色的"生命"。

从传播成本上看,通过网络新媒体传送和收受信息的成本也日益走低。数字化信息在传递中几乎没有损耗并且可以重复利用,这样可以节省大量的资源,受众利用信息而付出的成本也随之降低。

### (五)多媒体传播

多媒体技术的应用是数字媒体融合发展的典型表现形式。数字及网络技术使新媒体的信息源内容及形式更加丰富多样,文本、图片、音频及视频糅合成一个媒体传播产品,成了当前新媒体传播的常态。文学作品有语音版本;新闻报道不仅有图片还有视频。对此人们已经习以为常。同时,多媒体综合传播还允许受众在接收信息时自行编排,重新组合成自己喜欢的结果。如将影视作品剪辑成恶搞视频、把喜欢的明星做成表情包等。这样一来,传播内容可以在文本、图形、图像和声音等信息间建立逻辑连接,能以不同的方式述说同一件事情,各种不同的人类感官经验都被触动。如果第一次传播的时候用文字,受众没明白,那么换个方式,用照片、图形、图解,若受众还有疑惑,则使用视频动态演示,信息内容在媒介的流动中得以整体、立体地展现。

## 第三节 新媒体背景下的经典传播理论

### 一、新媒体传播与"把关人"理论

1947年美国社会心理学家库尔特·勒温发表了关于如何决定家庭食物购买的《群体生活的渠道》,最早提出了"把关人"概念,此后传播学者怀特在1950年将其引入新闻研究领域。

社会上存在大量新闻素材,大众传媒的新闻报道不是也不可能"有闻必录",而是一个取舍的过程。在这个过程中,媒介组织形成了一道"关口",通过它传达到受众那里的新闻只是众多新闻素材中的少数。对新闻素材进行取舍、筛选、过滤,决定报道什么事,采访什么人,传播什么消息,何谓重大新闻,版面和节目如何编排等就是新闻把关。新闻筛选的"把关"模式:S → N1　N2=N3 → M(S:信息源;N1:新闻;N2:舍弃的新闻;N3:选择的新闻;M:受众)。

影响"把关"的因素,从意识形态开始,到政府再到经济团体,然后是传播价值,往后是媒体,最后到媒介从业人员,可以看出"把关"是一个从宏观层面到微观层面的过程。

在网络新媒体环境下,它的无中心性、开放性、匿名性、散播传递方式、价值多元化等都在摧毁传统意义上的"把关人"。从全球范围看,人们可以自行选择内容的自由度大大增加,这意味着"把关"的减少,"把关人"理论被削减;但是,正因为网络所提供的内容大大增加,这就意味着需要对此有更多的筛选,即"把关"。当组织行为减少时,个体的力量会凸显出来。因此,我们发现在新媒体背景下宏观层面的"把关"相对减弱,而微观层面的"把关"却相对增强,即对受众个体的要求更高了。无论是信息的发布还是信息的接收,受众都需要做好自我"把关",才能更好地利用网络新媒体。

## 二、新媒体传播与"议程设置"理论

议程设置的基本思想来自美国的政论家李普曼(Lippman,1889—1974)。他在《舆论学》一书中说:"新闻媒介影响我们头脑中的图像。"无论是媒介现实还是人们头脑中的主观现实都有别于客观现实,即非现实的原生态。1968年,麦库姆斯(McCombs)和肖(Shaw)以美国总统大选为题进行了早期的量化研究,并于1972年在民意季刊上发表了《大众传媒的议程设置功能》一文。

文中表达这样一些观点:大众媒介往往不能决定人们对某一事件或意见的具体看法,但是可以通过提供信息和安排相关的议题来有效地左右人们关注某些事件和意见;大众传媒对事物和意见的强调程度与受众的重视程度成正比;媒介议程与公众议程对问题重要性的认识不是简单的吻合,而是与其接触传媒的多少有关,常接触大众传媒的人的个人议程和大众媒介的议程具有更多的一致性。"议程设置"理论暗示了这样一种媒介观,即传播媒介是从事"环境再构成作业"的机构。

网络传播时代来临后,麦库姆斯和肖在1999年提出了新假设——"议程融合论"(AgendaMelding)。在其论文《个人、社群和议程融合:社会分歧论》一文中,他们首次提出了新的议程融合的模式。在2000年传播效果研究国际学术研讨会上,肖和他的两位助手又提交了《公共议程的衰落:个人怎样与媒介融合以形成新的社群》,对"议程融合论"做了进一步的阐释,这标志议程设置功能研究从媒体层面转向密切相关的社群和个体层面。

网络环境下,议程设置通常是这样一个过程:信息源(事件)刺激个体,个体直接做出判断,并通过新媒介完成个体议程设置;上传网络分享,进入社群,通过反复讨论、评判、博弈、修正,议程被赋予更新的意义和价值,形成社群议程设置;议程也可能进入另一个社群，形成社群间共鸣，形成社群间的议程设置；众多媒介介入，从单一媒介的议程设置，扩展到多媒介的议程设置。

网络中的大众媒介议程包括三个部分：个体议程、社群议程和媒体议程。它的特点是：

（1）新媒介是重要的平台。

（2）个人议程在很多情况下成为议程设置的激发点和归宿点。

（3）社群议程发挥了核心作用。

（4）促成个体议程设置在社会层面得到解决。网络提供给人们议程设置的权利，消解了媒介在议程设置中的权威地位。网络新媒体传播让"议程设置"理论发生了变化，这种变化除了上面所说的正面影响外，也存在一些负面影响：

（1）有价值议题的流失：信息的泛滥带来了阅读的困难，那些有意义的信息可能得不到受众的注意，也没有进一步成为议题的可能，不少本应成为议题的信息湮没在大量的垃圾信息当中。

（2）议题的失真：在网络中发布信息具有很大的自由度和随意性，缺乏必要的过滤、质量控制与管理机制。

（3）网络舆论暴力的产生及舆论引导困难。

# 第三章　新媒体的独特传播机制

## 第一节　新媒体传播模式的新特征

信息的传播过程是一个多要素互动的动态过程，对其进行认识与研究存在着相当大的难度。为了方便起见，不少学者采用建构模式的方法，对传播过程的结构和性质做了各种各样的说明。所谓模式，是科学研究中以图形或程式的方式阐释对象事物的一种方法。这种方法具有双重性质：模式与现实事物具有对应关系，但又不是对现实事物的单纯描述，而是具有某种程度的抽象化和定理化性质；模式与一定的理论相对应，又不等于理论本身，而是对理论的一种解释或素描，因此一种理论可以有多种模式与之相对应。模式虽然具有不完全性，但它是人们理解事物、探讨理论的一种有效方法。正因如此，在传播学研究中，模式的使用也是很普遍的。

### 一、非线性的传播模式

单向线性的传播模式是以传播者为起点，经过媒介，以受传者为终点的直线性传播过程。传播学四大奠基人之一的哈罗德·拉斯韦尔最早在《传播在社会中的结构与功能》中提出了"5W模式"，即谁（Who）、说了什么（Say What）、通过什么渠道（in Which Channel）、对谁说的（to Whom）、产生了什么效果（with What Effects）。很多传播学者也认为这个模式有助于组织和规范关于传播问题的讨论，米夏埃尔·比勒称赞"拉斯韦尔第一次准确描述了构成'传播事实'的各个元素"。这个线性模式反映了传播的基本过程，并被用于构造有关传播研究的基础，为后来许多模式的建立奠定了基础。在报纸、广播和电视等的发行和播出系统中，传播媒体基本都遵循"5W模式"的传播模式，采用单向线性的播出形式。传播者在传播过程中担负着信息的收集、加工和传递的任务，将传播的信息内容，编码成一组由符号组成的信息组合，通过信息传递所必须经过的中介或借助的物质载体渠道，传递给受众，如读者、听众、观众等，他们是传播的最终对象和目的地，信息到达受众后在其认知、情感、行为各层面所引起的反应，是检验传播活动是否成功的重要尺度。线性传播关系就是两点之间的"一线牵"，这种无间断性和方向确定性的播出形式就是已经延续了几十年甚至上百年的线性传播，构成了传受双方的单向线性传播关系。

随着信息传播的发展，人们很快注意到不同传播形态下的"反馈"与"双向互动"的问题，开始对单向直线性的传播模式进行补充和修订。维纳在《控制论》(1948)中，用自动控制的观点研究了信号被噪声干扰时的信号处理问题，形成了信息控制模式，提出了"控制"与"反馈"的概念，第一次表明信息传播的双向性特质。德弗勒在香农·韦弗模式基础上发展了互动或环型模式，在《大众传播理论》(1966)中提出并做了诠释，引入了反馈环节，并延展了噪声的概念，认为噪声在传播的每个环节都会产生影响。传播互动或环型模式的结构呈现了信息交流的复杂性和真实性，展现了传播的双向互动过程，显示了信源获得反馈的途径。这种反馈使信源有可能不断改进传播方式以更有效地适应信宿，从而增加两者之间达到一致的可能性。

二进制的数字技术和网络技术的发展，有力地促进了新媒体的传播和发展，为信息的传递带来划时代的传播革命，双向或互动的非线性传播形式更是成为新媒体传播的重要特征。相较于传统媒体的单向和线性传播，新媒体的传播则是双向的、非线性的，强调受众自主选择和反馈。非线性的传播模式借助网络技术和检索技术的进步，在信源与信宿之间通过新媒体的传播渠道产生信息的控制和反馈，实现实时的交互控制。新媒体非线性的传播模式能满足用户对媒体开放性的要求，意味着两个或多个传播参与者彼此进行意见交换与协商，包括传播的信息反馈和调控传播行为，同时也包含传者和受者之间的角色互换。信息在这种传播活动中往返流动，参与者共同创造和分享信息并建构信息的传播流通渠道，信息传播者和信息接收者的身份在新媒体的交互环境中实现统一，成为信息的参与者，而不再有信息传递的主动者和被动者之分。

## 二、自媒体传播的表现形式

技术的进步给传播带来了重要的影响，网络、手机等分众传播工具的出现，更是改变了传统的传播模式，信息接收者开始掌握传播的主导权，传播以渠道为核心，由信息接收者被动地参与信息的传播过程变为主动地参加。尤其是 Web2.0 的出现开启了一个"用户中心论"的时代，除数字信息的传播速率得到提高外，上传、分享与建立连接关系更是成为信息传播时代的重要标志。使用新媒体的人们比以往更像一个信息传播的生产者，而不仅仅是消费者。信息传播者和信息接收者的身份变得模糊，当他阅读时，他是受害者，是信息消费者；当他阅读信息并上传相关内容以寻求更多的"聚众"支持时，他是传播者，是信息发布源，或者是信息生产者，这些传播身份的变化都表明传播开始呈现一种自我传播的状态。

新媒体的许多服务功能都具有自我传播特征，因此传播学者们在分析网络博客发展过程时引入了一个新概念——"自媒体"(We Media)。维基百科对自媒体的定义是：在网络技术，特别是在 Web2.0 的环境下，由于博客、微博、共享协作平台、社交网络的兴起，每个人都具有媒体传媒的功能。2003 年 7 月，美国新闻学会媒体中心出版了由谢因·波曼与克里斯·威理斯联合撰写的"We Media（自媒体）"研究报告，该报告对"We Media（自媒体）"下了一个十分严谨的定义："We Media 是普通大众经由数字科技强化与全球知识体系相连之后，一种开始理解普通大众如何提供与分享他们自身的事实、新闻的途径。"主要指私人化、平民化、普泛化、自主化的传播者，以现代化、电子化的手段，向不特定的大多数或者特定的单个人传递规范性及非规范性信息的新媒体的总称。

### 三、草根文化的传播盛行

美国硅谷著名 IT 专栏作家丹·吉尔默的著作《We the Media》中的副标题即为"草根新闻，源于大众，为了大众"（Grass roots Journalism by the People, for the People），充分体现了自媒体传播的草根情结。草根直译自英文的 grass roots，是指同主流、精英文化或精英阶层相对应的弱势阶层，他们分布的范围广泛而且生命力顽强，普遍生活在社会中的每一个角落。在主流媒体文化盛行的时候，他们属于传播媒介中信息的被动接受者，很难在主流媒体面前发出自己的声音、讲述自己的观点。在传播学研究中，德国女传播学家诺埃勒·诺依曼（Noelle Neumann）在 20 世纪 70 年代提出了一种描述舆论形成的理论假设——"沉默的螺旋"理论，她认为人们在表达自己的想法和观点的时候，如果看到自己赞同的观点，并且受到广泛欢迎，就会积极参与进来，促使这类观点迅速扩散；而当他们发觉某一观点无人或很少有人理会（有时会有群起而攻之的遭遇）时，即使自己赞同它，也会保持沉默。意见一方的沉默造成意见另一方的增势，如此循环往复，便形成一方的声音越来越响亮，而另一方越来越沉默的螺旋发展过程。在报纸、广播、电视等传统媒体传播信息的时代，居于强势的媒体所发出的声音就代表主流的意见，受众很难在这种情况下逆势而为，表达自己的观点和看法。

随着博客、微博、网络社区、论坛等网络服务功能的不断强大，以及平板电脑、手机等终端设备的便捷发展，一部分群体通过共享的网络平台，表述一种非主流、非正统、非专业的观点，他们区别于那种高高在上、唯我独尊的正统的、主流的、说教的声音，有其独立的观点和独特看法。我国著名新闻传播学者喻国明将这种特征概括为"全民 DIY"，"简单来说，DIY 就是自己动手制作，没有专业的限制，想做就做，每个人都可以利用 DIY 制作一个表达自我的'产品'"。

### 四、民间舆论场的声势浩大

在我国，较早提出舆论场概念的是清华大学的刘建明教授，他认为："所谓舆论场，正是指包括若干相互刺激的因素，使许多人形成共同意见的时空环境。"这里提到的"若干相互刺激的因素"，主要指的是舆论场内外的各种支配力量。而随着新媒体的普及和应用，其传播形式的自由性和开放性极大地激发了公众的知情权和参与权，纷纷通过论坛、微博、微信等新媒体的传播平台发表言论，表达自己的观点，网民的参与热情和活跃度达到了前所未有的程度。不论是国际、国内发生的重大政治事件、社会公共事件、个人生活琐事，都有可能在网络中被传播，人们可以便捷地利用新媒体的平台发表意见，监督政府的公共管理，逐渐形成强大的民意汇集，产生强大的社会舆论压力，达到政府部门和社会机构都无法忽视的程度，互联网已经成为思想文化信息的集散地和社会舆论的放大器。

上海复旦大学著名学者童兵教授这样形容民间舆论场，"坊间舆论场生成和传播的舆论，是自发的、分散的、自由的，一般情况下是无组织且任意流动的，它所反映的常常是百姓的心声，讲述的是个体的生存状态"。新华通讯社原总编辑南振中认为，在新媒体的传播平台上，不仅存在着一个以体制内媒体为核心的主流舆论场，还存在着一个以社交网络、QQ等新媒体传播为主的"民间舆论场"。他将由党报、国家电视台、国家通讯社等传统主流媒体形成的舆论场称为"官方舆论场"。2013年1月，《中国记者》刊登了对南振中的访问稿《再谈"两个舆论场"》，访谈中他说："在一定意义上，'民间舆论场'与其说反映的全是事实，不如说更多地在表达某一群体的强烈愿望，所传递的信息、发表的言论带有明显的感情色彩。"

尤其是在社会转型的特殊历史时期，各种社会矛盾凸显，民间舆论场的作用更是不言而喻。在互联网出现之前，传统主流媒体的信息发布和新闻报道不仅代表党和政府的立场，而且也承担着舆论监督的责任和义务。因此，新闻和信息从源头、深度挖掘、文字创作到制作传播等整个过程中，是绝对不能出现差错的，也正是这种严肃和严谨的态度，使得信息发布和新闻报道的事实性得以保证，使得新闻的生产过程复杂而烦琐。相反，民间舆论场体现了"全民记者"的时代特征，手机就是"全民记者"的麦克风、摄像机、录音笔，只需依托无处不在的网络，就可以在新媒体的平台上发布所见所闻，表达自己的观点和看法。而且大多数观点和看法都是网民的心声，来自底层生活的普通百姓，这些舆论意见"接地气"，很容易引起其他网民的共鸣，获得大多数人的支持和关注。同时，民间舆论场的"全民记者"在发布信息时程序简单、便捷，信息发布随意化、碎片化，加之公众的盲从心理，使得公众很少对信息或事件进行认真查证，民间舆论场一旦形成，就会声势浩大。

## 五、传统"把关人"的功能受到影响

"把关人"理论起源于美国，1947年，著名社会心理学家、传播学主要奠基人之一库尔特·卢因在《群体生活的渠道》一书中说："信息总是沿着含有门区的某些渠道流动，在那里或是根据公正无私的规定，或是根据'守门人'的个人意见，对信息或商品是否被允许进入渠道或继续在渠道里流动做出决定。"他认为信息沿着包含着"门"的某些渠道传播，传播能否顺利进行总以"把关人"的意见作为依据。"信息传播网络中布满了'把关人'"，他认为在群体传播过程中，存在着一些"把关人"，只有符合群体规范或"把关人"价值标准的信息内容才能进入传播渠道。"把关人"在信息的传播者与受众者之间扮演着中介的角色，筛选信息，使其继续传递或者中止传递。20世纪50年代，传播学者怀特将"把关人"概念应用于新闻研究,提出了新闻传播过程中的"把关人"模式。在新闻传播过程中,传统的大众媒体形成一道关口,对新闻信息有目的地取舍,再将新闻信息传达给受众。1991年,美国传播学者帕麦拉·休梅克出版著作《把关》,从大众媒介传播学的角度系统总结了"把关人"理论。在传统大众媒体时期,媒介作为"把关人"对信息内容的控制能力是非常强大的,前后要经过记者、编辑和规章制度三道关口,在实施一整套严格的把关程序之后,通过媒介传递的信息内容是严格符合群体规范和主流价值观的。在这种传统的"把关人"模式下,主流舆论的传播和引导是相对比较简单的。

随着新媒体时代的到来,互联网、手机和移动终端等新媒体传播呈现出独特的传播特征,这不仅改变了传统媒体营造的舆论环境,而且也对信息的传播格局产生了深刻的影响,传统的"把关人"理论在新媒体的传播环境中受到重大的影响。相较于传统媒体的层层审核和严格把关,新媒体的准入门槛比较低,信源可能来自最普通的受众,而且受众可以直接参与到信息的传播过程中,从信源、传播到反馈都有普通受众的参与。新媒体的这种传播模式打破了原来传统媒体对信息的垄断,使一部分话语权转移到普通受众手中,而且由于传播渠道的自由和开放,缺少政府或传统主流媒体对信息内容和信息传播的把关,使得信息能够在新媒体环境中呈现几何级的扩散,传统的"把关人"在新媒体信息传播中被大大削弱了。

新媒体环境中的"把关人"的缺失,导致一些信息内容良莠不齐。尽管国家对新媒体的监管力度不断加大,一些新媒体企业也在技术方面通过设定关键词等方式对新媒体上发布的内容进行筛选,尽可能对一些极端的、错误的言论进行删除,但是由于新媒体传播的即时性、互动性,公众参与信息制造的数量太多,而且信息的传播速度太快,传播效果和传播规模已经与传统媒体不可同日而语,特别是对于一些公共危机事件和突发事件,新媒体的传播速度远远超过传统媒体,如果政府或传统媒体没有及时对外发布官方权威消息,则网上的言论和意见就可能在短时间内铺天盖地,各种真实的、虚假的、善意的、恶意的、理性的、偏激的言论和意见都充斥其中,让人目不暇接、难以区分。

比如,2014年8月3日发生的云南鲁甸地震,在政府积极救灾、新媒体传播平台上不断发布与抗震救灾有关的信息时,一则内容为"职中学生,刘冻雪,请速到鲁甸县医院,妈妈在地震中伤得很严重,姐姐号码是13751977218"的信息,在微博、微信中传播开来。网友们纷纷转发这条寻人消息,表示一定要帮忙找到这名女孩,但网友在积极帮忙寻找女孩的过程中,发现该号码根本不在云南,这是一条虚假消息,随后不少官方微博、微信纷纷辟谣。

有关云南鲁甸地震的谣言无论是在传播广度还是影响力上,都明显降低,传播面也不大。这种变化,与政府部门的及时监测和处理有很大关系,人民网舆情监测室舆情分析师齐思慧认为:"本次鲁甸地震中,有关部门对谣言的处理可用及时、权威来形容。"在鲁甸地震中,多数谣言在传播初期即被监测到,对于重大谣言也在一日内被权威部门辟谣。

除政府部门的及时作为外,鲁甸地震期间的谣言少,还有一个重要原因是网友们自觉充当了"把关人"的角色。传统的"把关人"理论通过传统媒介来实现,对信息进行筛查和屏蔽。而在新媒体的传播环境中,并没有某一个人或组织作为专门的"把关人"。网络传播空间的清朗有序,与网友们自觉抵制谣言传播有着不可分割的关系。比如,"寻找刘冻雪"这则谣言在QQ、微博、微信等社交平台被转发的当天,就遭到大量网友举报,政务微博、主流媒体微博、微信等纷纷辟谣,从而及时遏制谣言传播,避免了网络谣言泛滥形成"次生灾害"。

可见,提高新媒体环境中应对舆论的能力,除了政府部门的及时作为和传统媒体的社会监督之外,众多素质良好、独具慧眼的网民功不可没,他们才是新媒体环境中无处不在的"把关人"。只有他们积极参与和抵制,才能屏蔽不良信息、打击网络谣言,才能保持新媒体传播环境的风清月朗。

## 第二节 新媒体传播情境中的受众分析

信息传播的对象大多是社会上的一般大众,用传播学术语来说即"受众"。传播学中的受众主要是指大众传播媒介的使用者、信息传播的接收者。受众既是信息传播的"目的地",也是信息传播过程中的主要参与者和信源的反馈者。受众的广泛性,意味着媒体的传播是以满足社会上大多数人的信息需求为目的的传播活动,具有跨阶层、群体的广泛社会影响。在大众传播模式下,受众通常包括报纸的读者、广播的听众、电视的观众等。

但随着新媒体的不断发展,传播学传统的受众理论必然也受到影响。受众理论在20世纪60年代从"传者中心论"转变为"受众中心论",受众不再是媒介传播的被动接受者,不再消极地接收信息内容,而是主动地寻求信息为己所用,这就是所谓的受众本位意识论。20世纪90年代,随着市场经济体制的逐步建立,"眼球经济"成为市场中的一种重要手段。在信息化社会的推波助澜之下,电视需要"眼球",杂志需要"眼球",网站更需要"眼球",媒体吸引受众的注意力比以往任何一个时候都要急迫。

因此,无论是传统媒体还是新媒体,都需要对受众进行分析定位。只有这样,才能在激烈的媒体竞争市场中准确定位,为特定的受众群体服务,这是一个关乎生存的问题。尤其是新媒体的传播发展,不仅是技术的革新问题,还要受社会的发展、受众的需求等各方面因素的影响。

### 一、受众结构细分

在新媒体的传播情境中,"受众"的概念已经发生了根本性的改变,他们不再是传统意义上被动接收信息的群体。对新媒体的受众进行细分,可以掌握不同类型的受众在接收信息过程中的活动规律,为新媒体的传播活动提供有力的依据,从而加强政府传播的针对性和有效性。

### （一）性别构成

在互联网发展之初，网络几乎是男性的世界，但随着互联网和移动媒体的普及与发展，男女上网比例开始趋于平衡。1997年，国家主管部门研究决定由中国互联网络信息中心（CNNIC）牵头组织有关互联网单位共同开展互联网行业发展状况调查，自1998年以来，中国互联网络信息中心（CNNIC）形成了于每年1月和7月定期发布《中国互联网络发展状况统计报告》的惯例。综合分析1997—2014年的历次调查结果可知，截至2014年12月，中国网民男女比例为56.4∶43.6，近几年基本保持稳定。

从总体上看，女性的上网比例在逐年增加。分析变化的原因，和女性受教育程度、社会角色与社会地位的变化有关。了解网民的性别比例，可以依据男性和女性的不同需求、心理和行为习惯，为信息传播采取相应的服务策略。

### （二）年龄结构

分析网民的年龄结构变化，可以明确活跃在新媒体环境中的人群比例，从而根据此阶段的年龄特点，有针对性地采取相应的服务策略。比如，中国互联网络信息中心（CNNIC）每年对网民年龄的数据统计显示，18—40岁的中青年人，构成了中国网民的主体结构。这个年龄段的群体，思维活跃，精力充沛，乐于参政议政，习惯于在新媒体的舆论中发表自己的观点，阐述自己的个性化主张，热衷参与政府的各项管理和服务事务，对政府的施政布政和舆论传播都有积极影响。但自2000年以来，18岁以下的网民出现了比例激增的情况，低龄网民所占上网比例开始增加，这也预示着网络环境开始影响我国的青少年，而大多数的新媒体平台还对此缺少了解，没有及时采取针对这一年龄段人群的服务策略。

从1997—2014年的统计数字可以看出，18—40岁的中青年人，是新媒体平台上最活跃的群体。以2014年的统计数据为例，我国网民16—39岁的年龄段比例合计达到78.1%，其中20—29岁年龄段的网民占比最高，达到31.5%，这个年龄段的群体，思想相对比较活跃，既能够接受新鲜事物、新思潮，又能独立做出判断。但由于是年轻人，同时又比较容易冲动，容易受到网络上一些错误信息的蛊惑，从而做出不理智的行为。

### （三）文化程度分布

文化程度的高低，也能影响新媒体环境中受众的结构比例。尤其是在对政府的参政议政方面，文化程度的层次分布更能体现他们的兴趣和关注点。根据社会心理学的调查，教育程度对受众在信息的选择方面有着非常明显的影响。一般来讲，文化程度越高，摄取各类时政信息的比例越高。中国互联网络信息中心（CNNIC）每年对受众文化程度调查的数据统计显示，具有大中专学历的群体，是目前中国网民的主要人群，无论是国内外的形势政策、时事新闻、社会民生，还是财经话题，都有广大的浏览群体。

随着各类新媒体应用的发展和普及，人们利用新媒体平台获取信息的比例越来越高，互联网、移动终端等新媒体已经成为人们工作、生活、学习中必不可少的组成部分，人们对新媒体的依赖程度越来越高。中国互联网络信息中心（CNNIC）于2015年1月发布的《第35次中国互联网络发展状况统计报告》显示，学历层次越高的人对网络的依赖程度越高，小学及以下网民中有44.9%的人比较或非常依赖互联网，大学本科及以上的网民中这一比例达到63.9%。这一现象表明，网络已经成为社会精英、白领阶层的工作、生活和学习的基础元素。因此，无论是政府的网站信息还是政务新媒体发布的信息，都要着重考虑对这部分文化程度人群的传播策略。

### （四）受众的职业结构

在新媒体的传播理论与实践中，传播者不再局限于传统媒体，而是大众传播学中的受众，受众不再位于信息传播链的末端，而可能居于信息传播链的首端。因此，"去中心化"是新媒体传播的基本属性之一，主体和客体之间的相互作用、认知机能的不断平衡、认知结构的不断完善，使得普通的个体能从以自我为中心的状态中解脱出来。网络空间提供给公众一个平等表达自己意见的"新公共领域"，每一个人都可以在这个领域发表自己的意见。因此，细分受众的职业结构，我们可以看出哪种职业的公众更愿意畅游在新媒体的信息海洋中。中国互联网络信息中心（CNNIC）于2015年1月发布的《第35次中国互联网络发展状况统计报告》显示，学生和个体户/自由职业者在网民中所占比例较高。

根据统计结果，我们可以看出，学生和个体户/自由职业者占网民中的比例较高，学生群体思维活跃，恰好也是网络评论的积极参与者。企业/公司一般职员和个体户/自由职业者的群体较为庞大，是社会最基层的劳动者，也是最能体现民情民意的群体，开放的网络空间为他们提供了发表言论的重要场所，开启良好、通畅的新媒体对话空间，有助于缓解社会矛盾，促进社会的和谐稳定。因此，近年来，我国政府一直积极提倡和引导公众通过网络参政议政，利用"新公共领域"通道评论时事、反映民生、建言献策，新媒体已经成为推进社会主义民主政治建设的重要力量。

## 二、受众需求动机分析

在信息时代，人们获取信息的方式有很多种，而网络以其海量的信息资源共享优势成为人们获取信息的主要渠道，人们对信息的获取主要基于两类需求动机。

### （一）内在需求动机

美国著名心理学家布鲁纳认为，人们的学习过程是主动发现认知结构的活动，即占主导地位的是内在动机，而不是诸如等级、奖赏、竞争之类的外来因素。我们做任何事情都需要动机，布鲁纳认为学习动机是人们爱好学习的内部条件。好奇的内驱力、胜任的内驱力和互惠的内驱力，是三种基本的内在动机，这三种基本的内在动机具有自我奖励的功能，其效应力是持久的。

传统媒体时代的相关研究也已经表明，人们对媒体需求的表象下面，隐藏着复杂的内在需求动机。大众传播学的研究效果主要从传播者或媒介的角度出发，考察信息传播是否达到了预期目标或对受众产生了什么影响。而在新媒体的传播环境中，研究的重点不是传播者的信息传播是否对受众产生了什么影响，而是受众为什么要主动接触新媒体的信息传播，受众心理的变化就源于他们的内在需求动机，也就是"使用与满足"的关系。1959年，卡茨在《大众传播调查和通俗文化研究》中首次提到使用与满足研究。1974年，卡茨、布拉姆勒、格里维奇的经典论文《个人对大众传播的使用》总结了当时对使用与满足领域的研究，认为使用与满足研究指的是：需求的社会和心理起源；人们的需要；需求产生的期望；期望指向的大众传播媒介或其他来源；这些来源引向对不同形式媒介的接触（或参与其他活动）；由接触引起需要的满足；与满足同时产生的其他后果，也许大多是无意获得的结果。"使用与满足"是一种受众行为理论，主要是从受众的角度进行研究，认为受众基于特定的需求动机来接触媒介，通过分析受众的媒介接触动机以及这些接触满足了他们的什么需求，就可以考察信息传播给人们的心理和行为带来什么样的影响。传播学者们开展的"使用与满足"的传统研究主要针对人们使用广播、报纸、电视等大众媒体的动机分类。比较有代表性的是卡茨、格里维奇和赫斯等人，他们将人们对媒体的需求分为五大类。

（1）认知的需要：获得信息、知识和理解。

（2）情感的需要：情绪的、愉悦的或美感的体验。

（3）个人整合的需要：提高可信度，增强信心、稳固性和提升身份地位。

（4）社会整合的需要：增加与家人、朋友等的接触。

（5）舒解压力的需要：逃避和转移注意力。

### （二）外在需求信息

人们基于内在的需求动机，才会从受众的角色向传播者、参与者的角色转变，主动去开放的新媒体平台上寻求感兴趣的、能满足其内在需求的信息内容。中国互联网络信息中心（CNNIC）于2015年1月发布的《第35次中国互联网络发展状况统计报告》显示，受众对网络的外在需求信息，主要还是集中在信息资讯需求、人际交流需求、生活娱乐需求等方面，旨在满足自己的工作、学习和生活需要。

根据统计数据，我们可以看出，受众的内在需求动机可以从他们对新媒体应用的使用率上体现出来。丹尼斯·麦奎尔从20世纪60年代开始就提出了媒体的几种效用，在新媒体环境下，受众的需求也是限定在这样的框架之中的。

1. 心绪转换效用

在现实生活中，人们由于受到内心准则和社会规范的制约，表现出来的行为往往都是比较克制的、自律的，这种克制和自律虽然使得社会秩序处于和谐的状态，但是个体内心可能是压抑的、疯狂的。而在新媒体的传播环境中，人们可以以一种匿名的形式出现在网络的虚拟空间里，可以接触轻松愉快的信息，可以发表自己在现实中不敢发表的言论，甚至可以宣泄自己的不良情绪。根据法国著名社会心理学家古斯塔夫·勒庞的理论，人在群体中往往会变得失去理智,形成躁动而又盲从的特点。在新媒体的虚拟环境中,这种群体聚集形成得更快,于是这些在现实生活中,看起来不理性、无聊的,甚至是庸俗的言论和行为,就会在新媒体的平台上蔓延,究其深层次原因可能只是人们心绪转换的内在心理需求,只是基于自己内心的情绪宣泄。中国互联网络信息中心(CNNIC)于2015年1月发布的《第35次中国互联网络发展状况统计报告》的数据显示,公众认可新媒体平台提供的消遣、娱乐和社交功能,这些消遣、娱乐和社交功能可以帮助人们"逃避"日常生活中的压力,带来情绪上的释放。

2. 人际关系效用

传统媒体的人际关系效用包括两种:一种是"拟态"的,即对传统媒体中的记者、主持人产生"朋友"或"熟人"的感觉;另一种是"现实"的,即通过谈论传统媒体传播的信息内容,建立社交圈子。在传统媒体中,人们与记者、主持人的关系是"拟态"的,只能被动地接受媒体中传播的信息,其传播方式是单向的;新媒体的传播环境虽然是虚拟的,但其人际交流是现实的。新媒体平台上用于即时通信的社交媒体,可以让人与人之间实现真正的面对面、一对一的交流,不仅可以和自己熟知的朋友进行沟通,直接感知对方的言行,而且可以和政府公职人员、媒体中的记者及主持人等进行交流,甚至可以将自己的意见和建议,反馈给政府机构或媒体栏目,这也是新媒体传播平台上的即时通信利用率高达80%甚至90%的原因,它是人们对现实人际交流的内在需求体现。

3. 自我确认效用

传统媒体的自我确认效用,主要是受众通过传统媒体中出现的人物、事件、状况和矛盾冲突的解决策略,通过比较进行自我评价,对自身行为进行反省,并在此基础上调节自己的观念和行为。新媒体与传统媒体在对自我确认效用上的功能不一样,传统媒体传递的信息主要是明确的、社会公认的主流价值观,能够为人们进行自我确认提供清晰的参考。但在新媒体环境中,由于其平台的开放性,各种价值观都会混杂其中,人们往往会处于一种矛盾的、无所适从的状态,很难判断什么样的行为是正确的,什么样的价值观是主流的,因此增加了自我确认的难度。针对新媒体环境的复杂情况,政府可以加大舆论引导,给受众提供一个进行"自我确认"的正确的参考框架,这也是近几年来政府加大发展政务新媒体的力度,进行公众舆论引导的原因之一。

4. 环境监测效用

环境监测效用主要是通过媒体获得与自己生活直接相关的各种信息,及时把握环境的变化。相较于传统媒体,新媒体的传播平台能够提供给公众更多的信息,目前已经成为人们了解外界信息、把握环境变化的一种重要手段。中国互联网络信息中心(CNNIC)于2015年1月发布的《第35次中国互联网络发展状况统计报告》显示,网民对搜索引擎的利用率高达80%,可以看出,人们倾向于从新媒体的大数据信息中,主动搜寻与自己生活相关的各种信息,作为监测环境的依据。

公众在新媒体平台上的活动是多种需求相互交织的结果,并不是孤立地实现某个目标的内心需求。因此，新媒体的信息传播要能多方位满足用户的需求，不能仅仅局限于自身的优势，而是要与政府、传统媒体互通有无、相互渗透，形成多媒介、多终端的信息传递，这样才能提高用户对它的忠诚度，新媒体的发展之路才会越走越宽。

## 三、受众的信息消费分析

任何产品的生产都应基于消费者的立场、基于对消费市场的考虑。在新媒体环境中，受众是信息的消费者，信息消费过程始于受众对信息的需求。关于对信息需求的产生，有三种代表性的观点："需求满足论"认为信息需求是在为满足人的总体需求（生理、安全、社交、尊重、自我实现五个层次）所从事的活动中产生的；"认知过程论"认为信息需求产生于个人的知识掌握过程，如有的学者认为信息需求产生于个体掌握知识的不连续性和知识差，有的学者认为个体知识状态的异常产生信息需求；"行为障碍论"认为知识的缺乏导致行为障碍从而产生信息需求。从消费者的角度考虑，我们对受众要从市场定位、消费行为和消费者忠诚度三个角度来考虑。

### （一）市场定位

信息消费的市场定位和商品市场中其他产品的市场定位一样，依据市场细分原则，找出符合自己信息特性的基本顾客类型，确定自己的目标受众，设计自己的信息产品。这种市场目标的定位，可以为确立新媒体的发展目标、制定建设方案、明确信息内容和构建传播渠道提供重要的参考。

在新媒体环境中，对于受众的市场细分，在一定程度上也可以借鉴市场营销学中的市场细分理论，即策划者通过市场调研，依据消费者的需要与欲望、购买行为和购买习惯等方面的显著差异，把某种产品的市场整体划分为若干个消费群体。实际上就是一个市场分类过程，包括地理细分、心理细分、人口细分和行为细分等。

地理细分通常按照消费者所在的地理位置及其他地理变量来细分市场。在信息消费市场中，由于地理位置的不同，受众对信息的需求也不一样。中国互联网络信息中心(CNNIC)发布的《第35次中国互联网络发展状况统计报告》显示，在中国31个省、直辖市、自治区（不包括港澳台地区）中，网民数量超过千万规模的达25个，互联网普及率超过全国平均水平的省份达12个。按经济区域看，东部地区10个省份中，有8个省份的互联网普及率超过全国平均水平。此外，中部地区6省中仅有1省、西部地区12省中有2省、东北部地区3省中有1省的互联网普及率超过全国平均水平。这种不同地理位置和经济区域间的互联网普及率的差异，也是影响信息消费的因素之一。

另一个影响信息消费市场地理细分的因素是城乡差距。虽然农村地区的互联网基础设施不断完善，网络普及率不断增长，网民规模也在逐渐扩大，但是城乡互联网普及率差异仍有扩大趋势。根据中国互联网络信息中心(CNNIC)发布的《第35次中国互联网络发展状况统计报告》的数据，2014年城镇地区互联网普及率超过农村地区34个百分点。

伴随着互联网普及率的提升，城乡地理区域的不同也对信息消费水平产生了一定的影响。根据数据统计，有47.9%的农村网民认为自己比较或者非常依赖互联网，对互联网依赖的程度明显低于城镇网民55.1%的比例。对于农村网民而言，新媒体仍然未从单纯的娱乐工具转变为信息资讯的服务平台，造成这种差距的根本原因，还是地区经济发展的不平衡。此外，城镇化进程在一定程度上掩盖了农村互联网普及推进工作的成果，未来的信息消费要重视城乡网民在互联网应用方面的差距。

### （二）消费行为

与传统媒体相比，新媒体受众的信息消费行为主要依赖于自身的行为惯性。虽然随着新媒体移动终端的普及和发展，受众的上网行为可以不受时间、地点的限制，但由于不同受众的上网习惯不同、上网规律不同，受众的信息消费行为还是会受到一定的影响。

根据中国互联网络信息中心(CNNIC)发布的《第35次中国互联网络发展状况统计报告》的数据，从网络出现的那天开始，人们的上网时间始终处于逐渐增长状态。2014年，中国网民的人均周上网时长达26.1小时，较2013年年底增加了1.1个小时，主要原因还是由于新媒体移动终端的普及应用，提高了网民对新媒体应用的使用广度，增加了使用深度。

相对来讲，上网的时间段、每天上网的次数、每次上网的时间和地点、上网浏览的内容等，形成了人们不同的上网习惯。因此，从信息消费的角度讲，分析人们不同的上网习惯，可以更好地更新信息产品。比如，从长篇大论的博客到140字的微博，这两者之间的此消彼长主要就是源于人们的阅读习惯。随着新媒体移动终端的普及，人们能够利用碎片化的时间，快速地浏览微博的内容，借以了解事件的主要内容；而博客的长篇大论则需要人们花费充足的时间慢慢消化。相较而言，微博快餐式的信息传播，能够充分利用人们的上网时间，适应人们的阅读习惯，因此成为新媒体领域中一种重要的信息传播形式。

### （三）消费者忠诚度

当人们在互联网上浏览信息时，虽然各种网站、新媒体应用等多如牛毛，但人们往往对某些网站或新媒体应用会情有独钟，这就是消费者的信任度和忠诚度。信任是一个社会最重要的综合力量之一，网络信任不仅是社会信任的重要组成部分，而且是新媒体的运营企业持续发展的重要基础。中国互联网络信息中心(CNNIC)发布的《第35次中国互联网络发展状况统计报告》中的数据显示，2014年，有54.5%的网民表示信任互联网，相较于2007年的35.1%，信任程度提高了19.4%，这表明网民对互联网的信任度已经有了大幅度的提高。由中国互联网协会主办，国务院新闻办公室网络局、信息产业部电信管理局指导的中国网站排名网China Rank根据流量统计结果对各大网站进行排名，数据显示：在商业门户网站中，腾讯、网易、新浪、搜狐等比较受消费者青睐；在媒体网站中，凤凰网、中国网络电视台、人民网、新华网等新闻类的网站受网民的关注度较高；百度在搜索类网站中独占鳌头。从这些数据中可以看出，虽然各种网站成百上千，但受众浏览的网站却越来越集中于少数的知名网站，消费者的注意力和信任度呈现明显的"马太效应"。

由此可看出，新媒体的信息产品建设在使受众提高对其信任度的同时，也使消费者对其产生忠诚度。从市场营销学的角度讲，真正的消费者忠诚度是一种行为，而消费者满意度只是一种态度。企业挽留消费者的比率增加5%，获利便可提升25%~100%。同样，在信息消费市场中，受众对新媒体平台提供的信息产品或信息服务产生感情，信任该产品或服务，形成偏爱并长期重复浏览该平台推出的信息产品或信息服务，就会形成消费者对此信息服务的忠诚度。因此，无论是各种网站，还是新媒体的各类应用，忠诚的信息消费者是其竞争优势的主要来源。比如，人们现在对于微信的态度，就是一种忠诚的消费态度，刷微信、看朋友圈、浏览公众账号的信息内容，几乎成为很多人每天必做的事情。

因此，对于政府的舆论传播来讲，要从培养受众的忠诚度做起，应保证网站的良好运行状态，不断更新政务新媒体的信息内容，从而慢慢培养受众对网站的信任感，促使他们频繁登录政府的新媒体发布平台，逐渐形成对政府新媒体平台的忠诚度，进而使政府在公众心目中树立起良好的公众形象。

## 第三节　新媒体传播的内容分析

在传播学研究中，传播内容是最重要的环节之一。传播内容主要是指以符号为载体，通过传播媒介传播的信息内容。传播内容分析就是指传播内容范围的研究分析，是对传播媒介的传播信息材料进行分析。在某种程度上，传播内容可以理解为被传播的信息。我们正处于一个全面化的信息社会。所谓信息社会，指的是"信息成为与物质和能源同等重要甚至比之更加重要的资源，整个社会的政治、经济和文化以信息为核心价值而得到发展的社会"。信息学认为物质、能量和信息是并列构成宇宙的三大因素。哈佛大学欧廷格对三者的描述是，"没有物质，就什么东西也不存在；没有能量，就什么事情也不发生；没有信息，就什么东西也无意义"。系统的正常运作首先需要物质的硬件作为基础，硬件需要能量驱动，有了基础条件和能量驱动，更为重要的是内容，需要信息内容的充实，只有这样，系统的正常运作才能发挥作用。无论是新媒体还是传统媒体均是以技术为标志进行划分的，技术平台搭建后，媒体传播的核心内容还是信息，而媒介最本质的特征就是它能够承载信息。

### 一、信息与符号

信息的传播通常以符号为介质。在传播过程中，信息以纸张、胶片、电缆、声波、光波和电磁波等为载体，以文字、语言、图像、图形等符号方式来表达，以报纸、广播、电视等终端设备显示出来。对于同一信息，人们可以采用多种符号形式进行传播，可以利用文字符号的方式通过报纸传播，也可以利用语言符号的方式通过广播传播，还可以通过图像符号的方式通过电视传播。在信息学中，符号是表达特定信息或意义的形式，而媒介则是传播或负载信息的外在介质。

从技术角度看，20世纪兴起的数字技术是把模拟信号变成由0和1组成的以"比特"为单位的二进制信号，通过0和1的不同组合来决定信息的编码和解码，呈现信息本来的面貌，数字化就是使用0和1两位数字编码来表达和传输一切信息的一种综合性技术，即将文字、图形、图像和声音等各种具体的符号信息全都变成抽象的数字信号，再将这些数字信号建立起适当的数字化模型，把它们转变为一系列二进制代码，引入计算机内部，进行统一处理，这就是数字化的基本过程。新媒体中的数字、文字、图像、语音，包括虚拟的或可视的各种信息等，都可以通过采样定理用0和1来表示。信息是以"比特"的形式存在的，"比特流"就是信息的载体，而对于"比特流"的传递，只要通过一台接入网络的终端设备，就可以接收来自互联网的海量"比特流"，也可以通过"比特流"向外界发送信息，随时与其他计算机进行面对面的较量，和计算机使用者进行交互，从而使信息的技术门槛在数字化的传播渠道中消失了。

## 二、新媒体传播信息的变化

信息的含义有广义和狭义之分。广义的信息包括所有与信息相关的内容，它的特征往往是抽象的、一般性的；狭义的信息是指传播者对社会信息有目的地选择。传播学中所涉及的信息通常指的是狭义的信息，它不仅具有广义信息所固有的一般性特征，还具有以下几个特征：

### （一）时效性

时效性是指信息从信源发出传递到受众，受众接收、消化和利用的时间间隔和效率。时效性是衡量传播媒体传递信息和反馈的效率的重要指标。尤其是在21世纪，信息时代的政治和经济信息的有效期相对较短，很多决策者对信息的时效性要求极高，如没能及时把握，信息就有可能成为过去式，从而影响政治和经济的重大决策。随着经济全球化的发展和科技的快速创新，人们对信息时效性的要求只会越来越高而不会有所降低，信息的传播与接收速度也会越来越快。

### （二）客观真实性

能够被媒介广泛传播的信息应该是有价值的知识，能够被加工创造、传播和储存。媒介传播的信息担负着传播知识、交流经验、传承文化和普及科学等任务，因此客观真实性就成为信息传播过程中的一个重要特性。客观真实性是指媒介传播的信息要真正客观、准确地描述和反映事物运动的状态和方式，而不是凭人们的主观臆想和推断夸大或压缩信息内容，更不能进行虚假的信息传播。例如，美国的Facebook声称致力于建立一个完全实名制的网络社区，以实名为基础将人们的现实关系复制到网络等新媒体的传播环境中，以此来建立一个客观真实的虚拟社会。

### （三）可复制性

信息还具有一个显著特性，就是在传播过程中具有可复制性，而不是像其他物质一样被有损耗地消费。例如，一部古书从古至今都在"被消费"，但其传递的信息内容却不可能"被消费掉"，而且信息的消费过程很可能同时就是信息的生产过程，它所包含的知识或感受在消费者那里可以催生出更多的知识或感受，消费的人越多，它所包含的资源总量就越大。对于网络新媒体而言，其信息的可复制性就表现得更为明显，每一次的信息传播就是信息的一次增值过程。

### （四）娱乐性

在人类最原始的传播形式中，能够传承下来的信息中很多都带有娱乐的成分，如神话、传说和寓言等均以寓教于乐的形式传递着信息，这类传播具有情感性、形象性、审美性等特点。1967年，斯蒂芬森在《传播游戏论》中指出，大众传播中几乎全部的内容，都有一种普遍化的游戏或娱乐功能。随着时间的推移，娱乐性将成为大众传播信息的一个越来越鲜明的特征。

## 三、信息过剩与信息贫乏的矛盾

科学技术的发达带来了媒介的更新，而媒介更新变化最为直观的社会结果是信息绝对量的增加。美国学者弗莱德里克曾经做过这样一个推算：如果将公元元年人类掌握的信息量记为单位1，那么第一次人类信息量倍增经历的时间为1500年；第二次信息量倍增经历了250年；第三次信息量倍增经历了150年；进入20世纪后的第四次信息量倍增，时间缩短为50年。在20世纪50年代，10年内就实现了倍增；在20世纪60年代和20世纪70年代，时间周期进一步缩短为7年和5年。根据现在的推算，人类社会信息量倍增的时间仅需要18个月至5年。如果以5年为周期来计算，意味着在今后不到70年的时间内，人类积累的信息量将达到我们今天所拥有的信息量的100万倍。信息量的急剧增加为社会、政治、经济和文化领域带来不小的冲击，并且改变了人类社会的结构和形态。1993年，美国率先提出"全国信息高速公路"的设想，1995年进一步提出"全球信息高速公路"的设想。继美国之后，英、法、德、日本、新加坡等国都提出了各自的"信息高速公路"规划，世界各国都开始加大建设信息社会的力度。1997年，我国提出了国家信息化建设的指导方针：统筹规划，国家主导；统一标准，联合建设；互相连通。至此，人类开始进入一个全新的信息社会。

### （一）产生的原因

面对信息社会剧增的信息量，人们逐渐冷静下来，并开始观察与思考。美国麻省理工学院的尼克拉斯·尼葛洛庞帝教授在其1996年出版的《数字化生存》中提到了"后信息时代"

概念，就是指信息由于过剩而显得不重要的时代。信息的传播效率不断提高，但传播的效果并没有和传播效率成正比，甚至在很多时候出现效率提高、效果下降的情况。借助高科技的传播通道，信息量在海量增加的同时，也造成了受众接收信息的贫乏，这种矛盾也凸显出信息社会的负面影响。

在信息社会中，不仅有以互联网、移动通信为主流的新媒体，也有以电视、报纸、杂志和广播等为主体的传统媒体。在这些媒体环境中充斥着大量的信息资讯，通过信息的资源共享，使信息呈现几何级数的增长速度。北京大学新闻与传播学院副院长陈刚教授将当前的信息社会称为"信息共产主义"时代。首先，信息过剩体现在媒体传播的内容上，尤其是视频、网络游戏等。在窄带传播时代，这些内容的流行程度并不是很高，随着我国经济的快速发展，这些信息内容开始呈现井喷式传播，为信息内容的大规模传播带来了机遇。其次，随着高科技技术在传播层面的发展，尤其是宽带互联网的普及，移动3G、4G的研发，突破了传播渠道的瓶颈限制，无论是搜索技术、编解码技术、存储技术还是传播技术都有了非常显著的变化，促使信息传播解决了技术层面的障碍，使得海量的信息充斥在互联网、电视等新媒体或传统媒体上，造成了大量的信息过剩。这些过剩的信息内容，既有真实的，也有虚假的，有的信息是受众想要了解和知道的，也有一些是受众不感兴趣的，导致在新媒体的传播中形成大量重复冗余的信息。

在信息过剩或媒体过剩的传播环境中，单位信息的传播成本越来越高，但信息的传播量或传播效率越来越低，尤其是单一媒体在市场上的议价能力相对越来越弱化。一方面，网络电视等媒体每天充斥着大量的信息内容，信息传播呈现一种空前繁荣的景象；另一方面，每天有数亿人次通过百度、搜狗等搜索引擎查找他们感兴趣或想要了解的资讯，但并不是所有的需求都能得到满足，同时还有很多处于弱势的普通民众由于自身知识结构和社会地位的差异性，接触不到自己感兴趣的信息内容。日本学者藤竹晓曾指出，大众传播中的传收不均衡状况，导致了现代社会中信息爆炸与信息贫乏的矛盾冲突。

## （二）解决的途径

心理学中有一个术语叫"信息焦虑"，主要是用来描述在信息时代，信息使用者在海量信息前缺乏如何选择所需信息的能力，从而产生的一种特有的心理焦虑现象。每一个人的信息负载量是有一定限度的，当信息接收者所接收的信息量超过其所能消化或负载的信息量时，就会在不自觉中产生无所适从的焦虑或紧张感。海量的信息资源共享在为用户带来信息资讯的同时，也为用户在选择和查找时带来了一定的负担。面对未来信息社会的发展，信息过剩和信息贫乏这两者之间的矛盾能否进行有效的统一，使信息的传播借助新媒体的传播更加有序化，是解决信息过剩和信息贫乏的关键，而发展搜索引擎的智能化则是解决之道。

搜索引擎技术就是针对互联网的海量信息查询而诞生的。搜索引擎虽然不是信息内容的发布者，却是信息传播的中介，充当网络信息内容和用户需求之间的桥梁和纽带。在搜索引擎的帮助下，用户可以及时、快捷地找到他们所需要的信息，从而摆脱由于海量信息所带来的无从选择、焦虑甚至恐惧。在大数据时代背景下，重要的不再是信息，而是关于信息的信息，是对共享信息的导航和提炼。现代管理学之父彼得·德鲁克提出了"以人为核心"的目标管理，在信息社会中，面对信息过剩和信息贫乏这样一对矛盾体，也应该从"以人为核心"的角度出发，来思考这个问题的解决之道。首先，表现在传播信息内容的集中化和序列化方面。对于信息的传播者来讲，他发布的信息内容分散于网络的传播环境中，等待需要的人来发现；而对于受众而言，他所需求的信息隐藏在网络的某个地方，需要自己去寻找、发掘。搜索引擎的出现，可以帮助用户迅速发现这些零散分布的信息内容，可根据用户的信息需求，将传播者提供的信息内容集中起来，形成能够满足用户需求的序列化的、显性的信息内容。将分散的、隐藏的信息内容或传播者集中起来序列化，有利于最大限度地提高信息的利用率，这也是"使用与满足"理论在网络新媒体时代的一次验证。传统意义上的传播研究大多从传播者的角度出发，认为媒介在传播过程中的主要任务是说服受众，受众是被动接受的；而在网络新媒体环境中，对于信息的传播更注重受众的心理动机和心理需求，他们的媒介接触活动是有特定需求和动机并得到"满足"的过程。搜索引擎技术的发展以满足用户的需求为出发点，通过技术的转换来满足用户的需求，一改在传统媒体面前受众被动接收信息的尴尬与不足，使受众在信息搜寻过程中处于主动地位，这也是"使用与满足"理论的精髓所在。

其次，表现在信息的显性和隐性处理方面。由于搜索引擎的存在，大量传播者有机会扩大信息内容的传播面，被更多的人认识和接受。如果传播者希望自己传播的信息内容被更多的人看到，能够得到广泛和反复的传播，扩大自己的影响力，就需要针对搜索引擎的传播特点来提高自己的"可见性"，即显性传播，如政府制作的一些传播重要法规和重大新闻事件的网页等。信息搜索形成的第一页结果对网民来讲非常重要，很多人只有在看过第一页觉得信息量不够时，才会重新进行输入选择，因此排列在后面的网页就很少有机会吸引网民查看。也有一些网页的信息可能完全沉没在信息海洋里，通过搜索引擎也难以发现，这就需要传播者采取一些方法或措施使它们浮出水面，能够被搜索引擎发现和利用。近年来，搜索引擎的索引规则也发生了很大变化，即便是主动提交的网址也不能保证进入搜索引擎数据库，因此比较好的办法是多获得一些外部链接，让搜索引擎有更多机会找到并自动收录这些网站。这些措施都可以将信息传播者和信息内容进行显性化处理，使信息能够被搜索引擎发现并收录。但也有一些传播者并不希望自己的信息内容被搜索引擎发现，如涉及自己隐私的信息或纯粹的私人空间内的信息等。这需要传播者将自己的信息内容隐藏起来，否则搜索引擎强大的显性化处理功能就会使它们曝光在大众的视线范围内，造成隐私泄露。

最后，表现在搜索行为的独立性和关联性方面。一方面，搜索引擎是一种以需求为主导的传播途径，网民的检索建立在不同的需求之上，每一个人都独立地在网络上进行搜索，所以网络的搜索行为有其相对的独立性。另一方面，网民在独立搜索的背后也存在着一些联系。虽然大多数网民都使用搜索引擎，但很多人在提交关键词时，并不能准确地表达他们所要搜索查询的目标。很多搜索引擎会将与网民提交的搜索关键词相关的其他网民的搜索请求排列出来，以供网民参考，这样既可以使网民重新准确地定位搜索方向，又可以优化检索过程。同时关联性还表现在搜索引擎的后台，可以将网民每一次的独立搜索行为记录在数据库中，并将它们汇聚成一个大的数据库。这些后台数据将分散的个体行为累积起来，不仅可以反映人们对不同信息的关注程度，而且可以为受众、市场和社会发展等提供动态的数据分析，使其成为反映社会环境变化的"晴雨表"。有的网站还将热门搜索的关键词排列出来，以吸引更多的网民对这些关键事件的关注，从而引发群体效应，使其成为事件发展的一个风向标。这些搜索数据库中的信息在体现个体行为的同时，也体现了受众的某些共性需求，是搜索传播关联性的表现，尤其是这些搜索行为不受外力的干涉和影响，是人们对信息资源自然需求的一种流露，因此会比某些调查结果更为真实和客观，更能反映社会、经济和文化发展的内在本质和规律。

在大数据的信息时代，搜索引擎带给我们的不仅仅是快捷的极速搜索体验，其实更多的应该是信息的及时传播和普及所带来的和谐平等的秩序，弥补了日趋增大的"知识沟"。它使受众在获取信息的过程中具有更强的自主性，尊重了受众在传播中的主导作用，使传播能够真正为受众服务，而不使受众在海量的信息中感到迷茫，沦为信息的奴隶。从搜索引擎的发展来看，它不仅是一个信息集成的导航者，而且也是信息消费行为的记录者，它从根本上顺应了人们对信息的渴求和快速查找特定信息资源的需求，为受众对多源信息进行比较提供了便利。因此，搜索引擎更大的作用是影响了网民的信息消费行为，使人们从习惯被动接受网络上的信息变为主动搜寻自己需要的信息，从而解决信息过剩和信息贫乏的矛盾。

## 第四节　新媒体的传播效果分析

对传播效果的分析研究远远早于传播学体系的形成，它不仅是传播学研究的出发点，而且是传播学研究的目的。在信息的传播过程中，不论是信息的传播者还是信息的接受者，每一个参与传播活动的人，都是有意图、有目的和有动机的，而不管他是有意识的还是无意识的，只要接收信息的人在传播中发生了相应的变化，就可以说明传者送出了信息，受者收到了信息，并且产生了实际的传播效果。

### 一、传播效果的含义

在传播学研究领域中，传播效果具有双重含义：

一是说服性传播，它是指带有说服动机的传播行为在受众身上引起的心理、态度和行为的变化,是通过劝说或宣传来使受传者接受某种观点或从事某种行为的传播活动,通常意味着传播活动在很大程度上实现了传播者的意图或目的。二是影响性传播,它是指通过报刊、广播、电视、网络等传播媒介的活动对受众和社会所产生的一切影响和结果的总和。这些影响可能是有意地也可能是无意的,可能是直接的也可能是间接的,可能是显性的也可能是隐性的。传播效果可以分为三个层面:一是认知层面的效果,主要是外部信息作用于人们的知觉和记忆系统,引起人们知识量的增加和知识构成的变化;二是价值取向层面的效果,主要是信息作用于人们的观念或价值体系而引起情绪或感情的变化;三是行动层面的效果,主要是人们接收信息内容,然后通过言行表现出来。从认知到态度再到行动,是一个效果的累积、深化和扩大的过程。无论是以报纸、电视为主的传统媒体还是以互联网、手机为主的新媒体,都具有上述三个层面的社会效果,只不过在传播的方式上有所不同而已。

## 二、新媒体的传播特点

与传统媒体的传播效果相比,新媒体的传播效果的形成和作用显得更加复杂。新媒体传播不仅存在着人际传播、群体传播、组织传播和大众传播等多种形态,而且可以通过各种不同的渠道进行立体化传播,多种传播形态与多种传播途径相互交织在一起,形成了复杂的传播组织结构,也导致传播效果的复杂化。某一个小事件或小话题一旦与公众的兴趣相吻合,就会以不同的传播形态通过不同的传播渠道迅速传播开来,产生放大、裂变、聚变的传播效应。

### (一)传播效果的放大

在新媒体的传播过程中,一件很小的事情或者一个很小的话题就可以在新媒体网络上像"滚雪球"一样越滚越大,直至传播到整个网络媒体甚至扩散到整个社会中,引起社会的广泛关注,形成强大的社会舆论力量,影响事件的后续发展。

舆论事件的放大发酵并不是原始的信息传播者能够控制的,对于最终的传播效果,无法做出准确的预测。对于新媒体传播中的放大效果的产生还需要一些相应的催化因素,即被传播的事件或话题能够引起网民的关注,吸引人们的眼球,才能迅速积聚人气,在新媒体传播中被放大和扩散,单纯的信息传播很难产生放大的传播效果。华中科技大学新闻与信息传播学院副院长钟瑛教授曾对160起网络舆论案例进行分类,凡同类案例有5个以上的,即归为一类,结果共归纳出12个类别,对其频次进行统计。

像微博这类大众麦克风的新媒体传播形式,更是将某些事件的传播效果放大到极致。尤其是涉及政治与民生的热点事件或话题,更容易引起人们的共鸣。

### (二)传播效果的裂变

裂变是物理学的一个概念,是指质量非常大的原子核在吸收一个中后分裂成两个或更多个质量较小的原子核,同时放出两到三个中子和很大的能量,又能使其他原子核接着发生核裂变，使这个过程持续进行下去的链式反应。新媒体的传播中也存在着类似的裂变效果，一个新闻事件或一个话题在传播过程中被不断地分解、再传播。在分解传播的过程中，衍生出大量公众感兴趣的话题，甚至涉及价值观层面的大讨论，从而产生强大的传播能量。例如，2008年5月，华南师范大学教授谈方创办了中国第一家专门宣传、帮助好人的民间公益网站"中国好人网"，希望能把一个个负面例子变成正面典型，在社会上积蓄温暖人心的正能量。

### （三）传播效果的聚变

聚变也是物理学的一个概念，是指由质量小的原子，在一定条件下发生原子核聚合作用，生成新的质量更重的原子核，并伴随着巨大的能量释放的一种核反应形式。新媒体传播可以将一些弱小的声音聚集起来，使它们汇聚成一股声音洪流，形成强大的舆论力量，这种弱小声音的能量汇聚使得事件发生本质的变化。

例如，2010年，微博以井喷的方式突然爆发，在网络上形成围观的力量，当门户网站的全民微博将围观迅速变成社会普遍存在的一种力量时，弱小声音的聚集就显示出空前强大的能量。南京大学政府管理学院李永刚教授认为："单就个体网民而言，他的每一次点击、回帖、跟帖、转帖，其效果都小得可以忽略；他在这样做时，也未必清楚同类和同伴在哪里。但就是这样看似无力和孤立的行动，一旦快速聚集起来，孤掌就变成了共鸣，小众就扩张为大众，陌生人就组成了声音嘹亮的行动集团。"此后，更多的事件或话题被这种"小人物"围观，而正是这种密切而又非暴力的围观力量，使得弱小声音汇聚成巨大的能量，从而有可能改变事件的发展方向。

## 三、新媒体的传播效果

无论传播者通过哪种传播渠道，为了实现怎样的传播意图，最终都要在传播效果上得到检验，因此信息的传播效果是传播学研究中的重要内容。在新媒体的传播领域，很多专家和学者也以传统的传播学效果理论为框架，对影响传播效果的因素和最终的效果进行研究，对一些经典的传播效果理论的内容进行了丰富和更新，这不仅可以加深对新媒体传播效果及其理论本身的认识，也为新媒体传播的未来发展提供了方向。

传播是一种有目的性的行为，传播者希望发出的信息被受传者接受后，受众在情感、认识和行为等方面会产生不同程度的反应，这种反应就是传播效果。传播效果取决于传播者的传播意图在受传者那里的实现程度，传播者的意图与受传者的反应一致的程度越高，表明传播的效果越显著。对于实际的传播效果，可以分广义和狭义两方面理解，广义的传播效果是指报纸、期刊、广播、电视等大众传播媒介的传播行为所引起的客观效果，包括对社会、对他人发生作用而产生的一切影响和结果的总和；狭义的传播效果仅指传播者具有宣传或说服目的的传播行为在实现意图方面所达到的程度，通常指在传播对象身上引起的心理、态度和行动的变化。由此可见，传播效果是由各种传播行为所引起的，对其理解也应从这两方面展开。

根据不同的标准,传播效果有不同的分类。从时间上,可以分为短期效果和长期效果;从传播规模上,可以分为微观效果和宏观效果;从实际效果上,可以分为积极效果、消极效果和逆反效果。

### (一)短期效果和长期效果

从效果发生的时间来看,短期效果主要是指短期内可以看到的传播活动的实际效果;而长期效果则是指由传播活动日积月累所形成的长远效应。短期效果一般表现为传播者为达到某种特定的具体目标或实现某种意图而展开的传播活动,受传者接收信息后,会在短时间内对传播的信息做出行动或心理上的反应。尤其是在新媒体传播方面,借助网络和手机等新媒体传播工具可以使信息快速扩散,在短时间内形成风暴效应。长期效果一般表现为受传者在长期接受传播者传递的信息后,自身的价值观、行为方式和思维方式等会发生改变,甚至社会政治、经济和文化等也受其影响而发生变化。很多传统的传播效果理论都是基于长期效果的研究,尤其是对大众媒介的长期的社会影响所做的分析。相对而言,新媒体传播中对传播效果的研究,更多地考虑到个人传播的"自媒体"对社会的影响,这也是新媒体传播带给传统传播学研究的新课题。

### (二)微观效果和宏观效果

在传播活动中,无论是人际传播、组织传播还是大众传播,对传收对象的反应都是微观的,是具体到某一个受众层面的。因此,对新媒体传播的微观效果研究,可以从影响传播效果的具体因素和实际效果来着手,如传播内容和传播渠道等方面,特别是如何利用新媒体的传播特性促进传播效果的形成。

但传播活动并不是单一进行的,信息在传播的过程中往往会受到社会环境和人为干涉等因素的影响,产生宏观社会效果。尤其是在新媒体传播中,各种传播活动的交叉、累积,使传播效果不仅影响普通孤立受众,而且影响社会环境的变化,产生更为宏观的传播效果。因此,研究新媒体传播的宏观效果,不仅有助于认识新媒体在社会、政治、经济、文化等方面所扮演的社会角色,而且可以借鉴和引导影响传播效果的各种活动,使新媒体传播与社会活动之间形成良好的互动。传统大众传媒理论中的一些代表性理论都是以宏观效果研究为基础的,如"议程设置"理论、"沉默的螺旋"理论等。在新媒体的传播效果研究中,很多传播活动都涉及微观效果,因此新媒体的传播效果研究不仅涉及微观和宏观的影响,而且包括对新媒体传播的社会作用的认识,这也是新媒体传播研究的重点。

### (三)积极效果、消极效果和逆反效果

从心理学的角度来看,生活在社会中的每一个人,其实经常会使用暗示或暗示别人,或接受别人的暗示,或进行自我暗示。在传播活动中,如果传播者传递的信息充满对他人的支持、激励、赞许等,受众就会从传播的信息中得到积极的暗示,从而以积极的心态面对发生的一切,产生积极的传播效果。

反之，如果传播者传递的信息充满负能量，则会使人受到消极暗示的影响，产生消极的心态，不仅要承受暗示带来的痛苦与压力，还会损害身心健康，导致世界观、人生观的改变，产生消极的传播效果。

逆反是指根据自己的理解和情绪，对某种事物产生一种否定性的心理趋势和行为倾向，对正确的方面盲目地持有反抗、抵制与排斥的态度。逆反可能是由人们在受过去某种事物的累积刺激所造成的不信任引起的，也可能是盲目地持有反抗、抵制与排斥态度的心理因素造成的。传播学中的逆反效果是指受众受自身立场、价值观、思维定式等影响，对传播者的传播意图产生抵触和反作用的心理倾向和行为。逆反效果主要是由过量的宣传或者对某些现象或事物的不信任等因素造成的，表现为对传播内容和传播者的怀疑、不满、抵触、否定和排斥，甚至直接导致反叛的行为。

# 第四章　数字媒体文化传播与媒介

## 第一节　媒介与媒介类型

随着人类文明向前发展，媒介成为塑造文明自身的特定技术。这种技术的目标主要是为了满足人类对信息的需求。当信息成为人类社会生活的基本需求之时，人类社会已超越了单纯的物质需求层次而进入结构日趋复杂的社会发展阶段。信息进入人类社会的心理层面、组织层面、结构层面，以自身的独特优势深刻影响着人类精神生活。艺术是凝结着人类情感的特殊信息，作用于人的感官，通过人的思维影响人的精神世界，也需要借助特定的媒介来传达。艺术家借助特定的媒介创作艺术，艺术作品成型后作为一种特殊的文本媒介传达人的情感，艺术文本也借助特定的媒介进行传播，都说明艺术与媒介有着天然的联系。人类的媒介技术是逐步发展起来的，媒介的演进决定着艺术的创作模式、文本模式和传播模式。那么，媒介的演进与艺术传播之间的关系究竟如何？本节就此问题展开探讨。

### 一、艺术的媒介特性及其表现

"媒介"的英文单词是 medium，意谓媒体、媒介、中间物。"媒"在汉语中是指使双方发生关系的人或事物。媒介是让信息得以储存并传播从而让信息能够在人与人、人与事物、事物与事物之间流通的介质，是承载信息和传达信息的载体。

艺术家借助特定的媒介进行创作，例如音乐家借助声音构成具备乐音特征的声符，画家借助颜料构成具有表现力的线条和色彩，舞蹈家借助人的肢体构成富有节奏的动作和姿态，戏剧家借助人的动作（含语言和肢体）叙述故事等。每门艺术的创作者都需要特定的媒介承载自己所要传达的基本信息，所以媒介也就成为艺术的表达形式，从而体现出艺术对于媒介的高度依赖。由于这些媒介是艺术家从事艺术作品创作时直接运用的建立在物质材料基础上的表达形式，故而可称作创作媒介。

创作媒介位居艺术家的思维和艺术作品之间。艺术家的思维具体体现在对作品的构思上，艺术家依靠这些媒介将其构思结构成特定的艺术作品。当艺术家要把自己喜悦的心情借助声音渗入音乐作品时，声音构成的具备乐音特征的声符就是媒介；当画家要借助颜料描绘一片风景时，颜料构成的线条和色彩就是媒介；当舞蹈家要借助肢体动作表达情感、叙述故事时，由肢体动作构成的动作符号就是媒介。可见，媒介位于艺术家的思维与其最终创作成的艺术作品之间。艺术家的主观情感构成艺术作品的基本信息，艺术家的主观情感及其构思借助媒介被表现为让听众听到、让观众看见的具体的艺术作品，从而完成了创作活动。艺术作品的信息借助特定的构思、采用特定的媒介被艺术家融入艺术作品当中，听众或观众从中感受这种信息内容及其表达方式的愉悦。

创作媒介首先直接体现为物质材料（如颜料、画布、发声物等）以及人的动作和表情。这些事物要成为创作媒介，必须被艺术家用来为构思和表达服务。它们在为艺术家的构思和表达服务的过程中承载了艺术家主观情感的信息，并被艺术家结构为特定形式的艺术作品。其次，艺术家要让这些事物承载自己的主观情感信息，也需要将其符号化，让其借助艺术构思转化成一种能够渗透其主观情感的特殊符号，这种符号形成艺术家创作艺术作品的语言形式——艺术创作的基本语汇。物质材料及人的动作和表情是艺术家创作艺术作品的有形媒介，而被艺术家符号化的艺术语汇则是在有形媒介基础上提炼出来的抽象媒介。所以艺术创作媒介可再细分为有形媒介和作为艺术语汇的符号化的抽象媒介。

有形媒介的符号化，主要基于这些媒介与人的情感之间的联系。这种联系建立在有形媒介与人类日常社会生活的习惯基础之上，需要艺术家将其抽象出来才能构成符号化的抽象媒介。例如作曲家运用欢快的节奏和高亢的声音表达人的喜悦之情，用沉缓厚重的节奏表达人的悲痛之情，用剧烈的响动和急促的语言表达人的愤怒之情，都是作曲家通过观察有形媒介与人的情感之间的关联后得出的认知和抽象的结果。又如中国戏曲舞台的各类表演程式，也是戏曲演员把有形的肢体动作高度凝练使其成为表达特定情感的符号，用于塑造人物形象的抽象媒介。这些认知源于人在生活中表情达意的习惯，从而让富有自然特征的物质材料及人的动作和表情得以承载人的情感信息，化作艺术语汇，成为符号化的抽象媒介进入艺术家的创作活动，进而被凝结到作品当中。所以要让这些认知转化为艺术语汇成为艺术家构筑艺术作品的表达形式时，也需要艺术家长期的训练，这种训练包括艺术家对生活的观察和体验、对艺术语汇的认知与熟练运用等。艺术家对创作媒介的运用体现为艺术家具体的创作技能，决定着艺术作品的形式品格。

当艺术家借助特定的创作媒介创作成一件件艺术作品之时，艺术作品便成为一种独立性很强的事物。这个独立事物凝结着艺术家的情感信息和创作技能，需要受众进一步去理解、欣赏和评价，才能获取其中的信息。当艺术作品成为独立事物被接受之时，它已脱离了艺术家，以独立的身份与受众接触，成为受众接受的对象。

受众对于艺术作品的理解、欣赏和评价等接受性活动主要是通过艺术作品本身进行的。这个时候，艺术作品就以文本媒介的身份位于艺术家与受众之间，受众通过这个文本媒介来理解艺术家的思想情感和创作技能。也就是说，文本是艺术家与受众之间的媒介。文本媒介是受众理解艺术家思想情感和创作技能的中介。没有这个中介，受众无法理解艺术家的创作动机，也无法理解艺术家凝注于文本媒介中的思想情感以及艺术家表达情感的基本技能。

此外，受众对于艺术作品的理解也未停留于作品本身，还会通过艺术作品这个文本媒介进一步理解世界。所以文本媒介也被当作受众认识世界的中介。例如，读者在阅读《红楼梦》时，除了对《红楼梦》这部作品内容和艺术特征的理解、欣赏和评价外，还要透过《红楼梦》所塑造的人物形象及其相互关系更进一步理解理解人性、理解社会，理解远远超过《红楼梦》作品所描述的事物之外的事物。这个时候，《红楼梦》就转化为读者与世界之间的文本媒介，转化为读者通过这个文本媒介理解大千世界的凭借物了。

文本媒介是建立在创作媒介基础之上但又不同于创作媒介的独立存在物。正如音乐作品不同于声符、绘画作品不同于线条和色彩、舞蹈作品不同于人的肢体动作一样，特定的音乐、绘画、舞蹈作品都具有高度的独立性。传达情感、传播信息是创作媒介的天性。这种天性决定了艺术作品的媒介基质，致使文本媒介也具备了储存信息、传达信息的属性。受众能够通过艺术作品领悟其中的信息，与其文本媒介的属性是直接相关的。

文本媒介是直接以作品形式呈现的。人类历史上大量不同艺术门类中的优秀作品，都是优秀的文本媒介。这些媒介延续了创作媒介的媒介基质，需要进一步延伸到受众当中，以独立的媒介身份继续传播艺术信息。这个时候，传播文本媒介的通道就是本节所言的传播媒介。

文本媒介承接创作媒介，传播媒介承接文本媒介，着力创造让艺术作品与受众接触的机会，对艺术作品进行广泛传播，从而让艺术真正走向自己的归宿——通过受众的接受发挥着艺术的社会作用。传播媒介首先具备承载信息、传播信息的功能。所以，艺术的文本媒介可以载入其中与受众接触。例如文学作品通过印刷媒介进行传播、音乐作品通过音乐厅的演奏进行传播、绘画作品通过展览馆的展示进行传播等，这时，印刷媒介、音乐厅、展览馆就作为文本媒介的传播通道承担着传播媒介的功能。

媒介的演进与人类社会技术的进步相适应。随着人类对于信息需求的增强，越来越先进的媒介也被创造出来。这些媒介也及时被艺术所利用，体现在艺术的创作媒介、文本媒介和传播媒介当中。

当口头语言被当作传达信息的先天媒介时，人类将其用作创作媒介，形成语言艺术作品。这些语言艺术作品成型之时，转化为艺术的文本媒介，形成丰富多彩的口传故事。但当口传故事还只能借助人自身的口头语言传播时，口头语言又担负着传播媒介的功能。众多的口传故事借助人类的口传媒介进行人际传播。在文字诞生之前，口传媒介在人类历史上延续了数万年甚至更长的时间。当矿物颜料被当作传达信息的物质媒介时，意味着人类开始有能力借助图符传达信息。当人类最开始利用矿物颜料传达实用信息时，人类也逐渐意识到矿物颜料也可以传达精神性极强的情感信息。而恰恰是在这个时刻，颜料成为绘画的创作媒介被原始人大量使用，创作出如洞穴绘画的大量原始绘画。与口传故事不同的是，口传故事可以借助人类的口传媒介进行人际传播，随着人的移动而传播到其他地方，而每一幅洞穴绘画都是唯一的，洞穴的固定特性不利于洞穴绘画的传播。而只有当布帛、纸张、石头、兽骨、陶器等可携带、可移动的固体书写刻画物成为绘画的载体——绘画的传播媒介时，才能克服如洞穴墙壁的固定性，让绘画得以广泛传播。

在人类传播媒介历史上，复制技术是推动传播效益的关键技术。一件艺术作品因时间和空间的限制只能保持其唯一性并在较小的范围内传播，而复制技术则让传播媒介突破了艺术作品的唯一性和传播的时空限制，让传播效益发生质的飞跃。从本质上而言，复制技术是让事物"由一变多"的技术。例如一件兽骨可以刻画一件原始雕刻作品，众多的兽骨则可让同一幅原始绘画刻出众多的雕刻作品，从而使一幅雕刻作品通过众多的兽骨传播开来。同样的道理，其他传播媒介也可以使一件艺术作品通过复制变成多件艺术作品。复制技术的"由一变多"让艺术获得便捷的传播通道，也是艺术的传播媒介最为有效的技术。

造型艺术可以借助复制技术获得便捷的传播通道，但表演艺术则显得较为困难，例如音乐的复制就十分困难，音乐虽然可以借助同一件乐器演奏出众多的音乐作品，但由于录音技术的后起，我们永远也无法准确听到录音技术发明之前人们演奏或歌唱音乐的原声。舞蹈和戏剧的复制也很困难，我们只能通过陶器或其他传播媒介的图像来理解舞蹈和戏剧作品的原貌。这便说明不同门类的艺术获得传播媒介的机遇是不平衡的。这与不同门类艺术的文本媒介有直接关系。当创作媒介诉诸视觉时，文本媒介也诉诸视觉。当文本媒介诉诸视觉时，它所借助的传播媒介也诉诸视觉。而诉诸视觉的媒介因其固体特征而保存了大量视觉艺术。但诉诸听觉的艺术因录音技术的晚进而无法得以延续。所以，创作媒介决定着文本媒介，文本媒介决定着传播媒介。创作媒介、文本媒介、传播媒介发展的不平衡关系、各类媒介自身发展的不平衡关系都决定着艺术传播的速度和范围，也决定着艺术传播的效益。

但无论如何，艺术天然的媒介特性决定了艺术的传播特性。也就是说，艺术天然就是要将其信息传达给特定受众的。我们说艺术是以情感为内涵的感性形式，那么艺术信息的特性首先就是情感，其次就是感性。情感在艺术作品中体现为内容，感性在艺术作品中体现为艺术作品与人的感官直接接触使人所获得的知觉。所以，当音乐直接作用于人的听觉、绘画直接作用于人的视觉时，都会使艺术作品的信息借助耳朵和眼睛让人产生知觉，进而作用于人的思维，影响人的精神世界。

## 二、媒介在演进中丰富着艺术的文本形态

创作媒介是最初介入艺术的媒介，人类创造艺术之初，主要是以自然物或人自身构成的声音、色彩、语言、表情及肢体动作来作为创作媒介的。这些创作媒介多是人力所及的，即依靠原始物质材料和原始人自身的材料作为创作媒介的。在漫长的原始社会，人类所能运用的创作媒介十分稀少，这也导致原始艺术创作媒介的单调特征。单调的创作媒介注定其文本媒介和传播媒介的单一。传播媒介的单一直接导致艺术信息传播范围的狭窄，原始艺术主要围绕宗教仪式、战争、狩猎、交易、人口迁徙等活动途径依靠人自身的移动进行传播。艺术信息对人自身的移动有着极强的依附性。

人类利用媒介创作艺术形成创作媒介，利用创作媒介实现自己的构思形成文本媒介，进而让文本媒介借助特定的传播媒介进入受众的视野，这是艺术利用媒介实现自身价值的三大步骤。以自然物和人自身构成的创作媒介、文本媒介和传播媒介在人类历史上持续了漫长的时间。但正是在这段漫长的时间内，因媒介自身这个时段的超稳定性，才形成了较为稳定的艺术创作形态、文本形态和传播形态。直至印刷技术的发明，艺术才逐渐改变了媒介的单一属性，丰富的艺术文本形态才得以逐步出现。

人类媒介的演进大约经历了六大阶段：第一是口传阶段，第二是文字阶段，第三是印刷阶段，第四是机械阶段，第五是电子阶段，第六是互联网阶段。每个阶段都丰富着人类艺术的文本形态。

在口传阶段，以人类自身的口头语言、自然物和图画符号等代表性媒介为主。艺术的创作主体多为业余身份，如口传艺人、刻画者、歌舞者、演奏者。艺术的传播主体多为原始部族成员、游吟诗人和说唱者等，艺术的接受主体多是原始部族成员。这个阶段，社会分工不明显，没有专业创作者和传播者，艺术以自娱自乐以及与宗教仪式相关的活动形式出现。艺术的文本形态多为人类借大脑记忆和口头表达所产生的俗语、传说、故事、神话、史诗，人类借自然物质媒介所涂刻的绘画、雕塑等，人类借人声、简单的自然物击打或吹拨及肢体所创作的音乐、舞蹈等。

在文字阶段，人类借助文字以及承载信息的物质材料记录艺术信息。掌握文字媒介技能的专业创作者及由此引发的个性化艺术出现。艺术的创作主体多为较为专业的诗人、画家、音乐家、舞蹈家、戏剧家等。艺术的传播主体多为诗人、画家、音乐家、舞蹈家、戏剧家等艺术创作者及政府或民间组织。艺术的接受主体除了普通的社会成员外，由于阅读成为可能，所以针对艺术的特殊爱好者开始出现，艺术批评也日渐兴起。艺术的文本形态多为传说、故事、神话、史诗、绘画、雕塑、音乐、舞蹈、戏剧等。艺术文本中，故事进一步丰富，作品结构多样化，艺术的文本内容和文本形式进一步得以确立。

文字是一种理性符号，可以较为准确地记录与表述事物，能使先前的口传遗产保留下来，人类文明有了可靠的媒介辨识机制。文字成为一种技能，需要学习方能掌握，较为专门的艺术创作者、传播者和接受者开始出现。文字因其理性特点，使原先模糊的事物逐步清晰和明确，也促进了人类文明形式的精确化，社会分工开始明显，专业作家和艺术家涌现，传播主体多样化、受众也开始分化。文字的出现一方面使文学得到了大力发展和传播，另一方面使艺术有了理性记录的依据，如乐谱、舞谱、书谱、画谱、剧本等，文学和艺术的内容和形式逐渐被确立下来，避免了口传时代的模糊性和随意性。在文学得到发展和传播的同时，也推进了艺术的发展和传播。一方面，文学为艺术创作提供了大量素材，使艺术的内容更加丰富多彩；另一方面，文学也需要艺术进行传播，如以图画、戏剧、歌舞等形式对文学故事进行再阐释或再演绎的现象大量涌现，大大丰富了艺术的文本形态。

印刷时代的开启，使人类文明之光熠熠生辉。印刷技术的出现使人类的传播能力大大加强，大面积的复制成为可能，大大促进了文学和艺术的发达。印刷技术的出现激活了人类的传播意识和传播行为,极大地促进了文明的进步。中国唐代出现的雕版印刷标志着中国印刷术的发明。1967年,陕西西安西郊张家坡西安造纸网厂工地唐墓出土的雕版印刷物刻印于704—751年间,是目前中国境内发现的最早的印刷物。北宋的毕昇于庆历年间(1041—1048)发明的泥活字,标志着活字印刷术的诞生。1440—1448年,约翰内斯·古腾堡发明了活字印刷机,标志着西方印刷技术的诞生。印刷技术作为一种专门技术,把人类从口传、手抄、手工刻画的劳动中解放出来,因其强大的"复制"特征而让艺术的文本形态成果由"一"变"多",人类文学艺术的生产量和受众面激增。

在印刷时代,创作主体发生了较大分化,掌握文字媒介技能的专业创作者的生存空间扩大。在传播主体方面,除了艺术家之外,大量的专业传播机构开始出现,形成一个庞大的行业。就接受主体而言,由于印刷术强大的复制力和传播力,艺术不再局限于狭小的受众群,针对大众的传播已不可避免。所以印刷技术直接开辟了大众艺术和艺术产业化的时代,预示着艺术与普通人之间的关系将越来越密切。在艺术的文本形态方面,故事进一步丰富,作品结构多样化日益显著,艺术文本的确定性加强,个性化的艺术作品影响力扩大。

18世纪60年代,欧洲工业革命在英国兴起,机器大工业生产日渐替代了人力生产。工业革命预示着人类的媒介技术即将开启机械阶段。1839年,法国布景画家达盖尔发明了银版摄影法,并与其妻弟基卢克斯研制成功基于此种方法的照相机。相机越过了人对所画对象的手工描摹,可以直接以机械方式捕获图像,标志着机械媒介的诞生。1877年8月15日,托马斯·阿尔瓦·爱迪生发明了发声机器,通过在特定介质上刻槽,再通过手摇曲柄产生机械振动在受话机上发声。这种做法标志着机器可以直接捕获声音,也标志着机械媒介能力的提升。

机械媒介的出现大大解放了人力,进一步加强了媒介生产信息、存储信息、传播信息的便捷度和自由度。机械媒介的出现为艺术开辟了更大的生存空间。就传播主体而言,传播机构类型更加多样,专业管理机构开始出现,传播结构更加丰富。就接受主体而言,在印刷术催生的艺术大众化的基础上,大众对于艺术的参与成为可能;在照相机、留声机等机械媒介涌现之后,极大地唤起了大众对于艺术的兴趣,艺术在大众中的影响力进一步提升。在机械媒介时代,创作主体的类型大大增加,分工也更加明确,艺术的跨媒介表达日渐兴起,也催生了大量新型艺术文本。

电力的发明是在19世纪末至20世纪初。加拿大传播学家麦克卢汉指出:"今天,经过了一个世纪的电力技术(electric technology)发展之后,我们的中枢神经系统又得到了延伸,以至于能拥抱全球。就我们这个行星而言,时间差异和空间差异已不复存在。"序言"美国技术史家托马斯·P.修斯(Thomas P Hughes)曾对1880—1930年间电力的发明给西方社会带来的影响展开研究。修斯提出,除了照明给家庭生活、工作环境和街头巷尾创造了更加安全舒适的环境,电力还为现代媒介——无论是彼时的印刷报刊还是今天的互联网络——的出现奠定了基础。"电力出现之后,1896年,英国马可尼无线电报公司顾问弗莱明发明了真空二极管。1897年,英国剑桥大学卡文迪许实验室的约瑟夫·约翰·汤姆逊重做了赫兹的实验,并借此实验发现了电子。这项发明标志着人类技术电子时代的开启,也标志着电子媒介的出现。

电子媒介因其动力特征引发的"速度"和"储存"能力的飞跃从根本上加强了媒介生产信息、存储信息、传播信息的便捷度和自由度。电子媒介为人类艺术的创作与传播找到了超越机械媒介的更加"自由"的技术依据。而就传播主体而言,传播机构类型更加多样、传播速度更加快捷,大众日益走向传播领域。就接受主体而言,受众的参与机遇倍增,"互动"成为时代语言。电子媒介的出现也使艺术创作主体的力量大大增强,创作分工日益明确,也大大推动了更多艺术文本形态的产生。当艺术以电子文本的形式出现并传播时,艺术文本摆脱了物质材料的束缚,进入更加自由的空间。

如果说在人工时代,人类在生产和生活中与世界的接触是单向的、有限的接触,那么到了机械时代,人类在生产和生活中与世界的接触面因机械技术的介入而成为多向的、无限的接触。如果机械时代人类在生产和生活中与世界的接触尚且不够自由的话,那么在电子时代,人类与世界的接触变得十分自由。自由是人类生命意志最为本质的追求,现代电子技术为人类追求自由奠定了雄厚的物质基础。电子技术的出现,标志着媒介技术也进入全新的时代。新媒介将以电子技术为基础,为人类的自由追求创造越来越优越的条件。

令人惊奇的是,媒介技术在20世纪60年代末发生的飞跃,这个标志便是互联网技术的诞生并日渐被作为民用。1968年10月,美国国防部高级计划局和BBN公司签订合同,研制适合计算机通信的网络。1969年6月完成第一阶段的工作,组成了4个结点的试验性网络,称为阿帕网(ARPAnet)。1988年,NSFnet替代ARPAnet成为Internet的主干网。1989年,ARPAnet解散,Internet从军用转向民用。1995年4月30日,NSFnet宣布停运,Internet的骨干网已覆盖全球91个国家,主机已超过400万台。互联网的发明和民用,使人与人、国与国之间的距离大大缩小,真正让世界变成一个"地球村",是人类媒介史上的奇迹。互联网也开辟了艺术媒介的融合时代。这张"天网"不仅以其互联机制改变了传播结构、加快了传播速度,而且使各类传统媒介有机会重现生机。无数以传统媒介形式出现的艺术文本,都因互联网的出现而重放光芒。

在互联网时代,艺术的创作主体开始倍增,艺术的文本形态开始大大超越传统媒介,出现了空前的多样化特点,与传统艺术文本形态大相径庭的形态开始涌现,大众日益担当起艺术的创作主体和传播主体,艺术的接受因便捷的"互动"机制而出现了勃兴状态。艺术因媒介的自由度而生发出体现在创作、形态、传播、接受等众多领域的高度自由特质。可以说,互联网时代,已开始推动艺术从必然王国向自由王国迈进。

麦克卢汉曾提出"媒介即讯息",他认为:"所谓媒介即是讯息只不过是说:任何媒介(即人的任何延伸)对个人和社会的任何影响,都是由于新的尺度产生的;我们的任何一种延伸(或曰任何一种新的技术),都要在我们的事务中引进一种新的尺度。"媒介的这种"尺度"不断改变着人类创造文明、传播文明的思维方式和行动方式。媒介也为艺术的创作、传播和接受创造了一种新的"尺度"。在艺术领域也是一样。媒介技术每前进一步,艺术的创作方式、传播方式、接受方式都会发生巨大的变化，艺术文本也都将随着媒介"尺度"作用的发挥而出现众多新的形态。20世纪下半叶以来出现的众多新的艺术思潮，都与因媒介技术的飞速演进而导致的新的艺术文本形态的出现密切相关。

## 三、媒介演进对艺术传播模式的影响

媒介的演进不仅丰富着艺术文本，而且使众多的艺术文本以更多的传播通道渗透进人们的社会生活并广泛传播，从而影响着艺术传播模式的多样化。

媒介的演进目标是传播更加快捷、精准，范围更大、深入性更强、储存量更大。这种目标涉及媒介演进的逻辑，那就是不断加强媒介的传播速度、精度、范围和深度，不断增加媒介的储存量。媒介传播的目标是接受群体——受众。所以传播速度的加快、精度的提升、范围的扩大、深度的增加、储存量的加大，都与受众的需求密切相关。

受众是在社会中生存的，社会是由人与人之间的关系构成的，人与人之间关系的构成受符合人类本性的各种信息的支配，所以受众对于信息的需求是天然的，也是必然的。换句话说，由于物质生活和精神生活的需求，受众必然需要创造、接受和使用相关的信息。但就受众的信息接收而言，也需要成本，这种成本集中体现在时间成本、物质成本和能力成本三大方面。时间成本体现在接受的速度上，物质成本体现在受众可以承担的对于媒介和信息使用的购买力上，能力成本体现在受众使用接受媒介所要花费的技能的训练上。这三大成本都是受众要付出的。美国传播学家威尔伯·施拉姆在其《传播学概论》一书中指出："人的行为总是倾向于流入最省力的路径。"

可能的报偿是指受众获得信息的速度和品质，费力的程度包括受众的时间、物质和能力成本。就这个公式而言，可能的报偿越多、费力的程度越小，就越能促进受众对于传播路径的选择。传播媒介是受众获取信息的关键路径，所以现代媒介技术总体上都在速度、精度、范围、深度四大方面发展，也都在力图减少受众对传播路径的选择要付出的各类成本。艺术的传播媒介也都围绕这个宗旨来从技术和组织上进行努力，从而形成特定的传播技术和传播模式。

就技术而言，与传统传播媒介相比较，现代传播媒介的最大特点就是便捷。现代媒介首先为受众节省能力成本，也就是说，受众不需要花费太多的时间和精力进行训练就会使用现代媒介达到自己的目的。从相机的"傻瓜化"到手机兼顾拍照、编辑、播放、传输功能的出现，都预示着现代传播媒介努力在为受众节省能力成本。其次为受众节省时间成本，受众不用花费太多的时间就能及时接触到传播媒介。广播、电视、计算机、手机、互联网等现代媒介在当下已触手可及，受众只要乐意就有机会随时接触到传播媒介。尤其是智能手机这种几乎成为人体一部分的贴身媒介，集成了大量功能和信息通道，可随时作用于人的感官，让受众与媒介连为一体。再次，现代媒介为受众节省物质成本，现代传播媒介的价格越来越趋于低廉化，成为多数受众都可购买得起的媒介设备。据中国互联网协会《中国互联网发展趋势报告2020》，截至2019年底，中国移动互联网用户规模达13.19亿，占全球网民总规模的32.17%，说明绝大多数中国人都用得上移动互联网这种传播媒介。

就组织而言，传统媒介依靠为媒介服务的实体组织实施传播。这类组织主要体现在制订媒介政策、整合资源、选择信息等方面。而就传播信息的选择而言，现代传播媒介已将组织性能渗透到传播媒介技术内部。这种情况得益于媒介融合、大数据和云计算等智能技术的涌现，让媒介信息依据受众兴趣类型自动定向推送。以抖音为代表的短视频为例，抖音会根据大数据和云计算及时判断受众的兴趣，并按特定受众的兴趣及时定向推送相关内容的视频。这种工作在传统媒介当中是要依靠实体组织来操作的，但在现代传播媒介中，这种工作则由技术工具——传播媒介本身来承担。以互联网和移动互联网为代表的现代媒介兴起之后，"信息爆炸"已成为现实。受众对于信息的选择陷入困境。尤其是由于传播媒介使用的便捷导致的"人人都是传播者、人人都是接受者"现象，更是让信息选择陷入艰难的境地。但这种困境除了专门的实体组织机构在克服外，组织性能也以技术的身份渗透到传播媒介自身，直接帮助人们选择真正需要的信息。就艺术传播而言，媒介的演进已经让艺术信息达到"海量"状态。传播媒介依靠其本身的组织能量将艺术的文本媒介及时传递给特定的受众，从而大大缩短了受众选择艺术信息的时间，加快了受众接受艺术信息的速度，提高了艺术传播的效益。

媒介演进的节奏改变了艺术的传播方式，由媒介演进导致的传播模式的变化主要体现在如下两大方面：

第一，单向传播：我传播什么，你接受什么。传播主体利用自己掌握的传播媒介把艺术文本媒介传播给受众，体现出传播的单向性。这种方式在传统传播媒介中体现得较为明显。电影院线就是如此。电影院线根据自己的收益原则，在其控制的院线为观众提供电影文本。这种原则虽然可以满足大多数观众的需求，但大多数观众的需求只能代表一个时段人们的普遍兴趣。而那些对特殊类型的电影新片有爱好的观众则无法利用院线高品质的声像系统观看他们想要欣赏的最新电影文本。电影院线这种做法的逻辑是由传播主体在观众当中寻找观众兴趣的最大公约数，把符合这个公约数的电影文本置入院线，以获取最大收益。但这种传播模式在对观众兴趣的判断上要花费较大精力，受各种不确定因素的影响，这种判断也经常会出现失误。艺术的单向传播多数情况下受制于传播媒介的制约，传统的传播媒介因技术的缺陷，不能满足受众对于艺术文本的多样化需求，故而只能以单向模式传播艺术。艺术的单向传播虽然保守，但其传播信息和传播效果相对可控。因此，即使是一些现代传播媒介也仍在运用这种模式传播艺术。

第二，多向传播：大家都在传播，大家都在接受。在传播媒介演进的过程中，率先获得媒介使用权的机构获得了传播权力。这种做法在现代媒介兴起之初普遍存在，由于媒介成本的昂贵、操作的复杂以及传播权力的限制，只有较少专门的机构才能获得传播机遇。例如，当照相机还是一种奢侈品的时段，多数人欣赏摄影艺术作品还只能通过纸质媒介或在展览馆。因为这个时段的摄影艺术作品主要依靠纸媒或展览馆的专业摄影者才能创作，也集中依靠纸媒或展览馆单向传播。随着相机价格的降低,当一部分有财力的摄影爱好者可以购买到相机时,摄影艺术的传播就超越纸质媒介、展览馆等权威传播机构,可以自主拍摄、自主传播了。而随着相机的普及、操作的简便化以及媒介融合速度的加快,当绝大多数人都可以用手机来拍照时,艺术的传播就实现了多向传播。多向传播是建立在现代传媒较为普及、使用便捷的基础上的。由于媒介技术的进步大大降低了传播成本和操作技术门槛,大众可以便宜地购买到传播媒介,便捷地使用传播媒介传播各自喜爱的艺术文本,大众在接受他人传播的艺术信息的同时,也能走向创作主体和传播主体,创作或向他人传播自己钟爱的艺术信息,从而实现了艺术的多向传播。当下的艺术传播正是多向传播,与大众迈向创作主体和传播主体的位置有关。多向传播使艺术的创作主体、传播主体与接受主体之间的界限逐渐消失,充分体现出艺术传播的自主性,艺术迅速进入大众的日常生活,艺术的类型越来越丰富,艺术的影响也越来越大。

由单向传播跃入多向传播是媒介演进出现质的飞跃的结果。这个界限的标志是以互联网和移动互联网为代表的传播媒介的兴起及其所引发的一系列媒介技术变革的出现。随着媒介的继续演进,艺术传播的模式还将发生变化。

总之,艺术先天的媒介特性决定了艺术的传播基质,媒介的演进决定着艺术的创作媒介、文本媒介和传播媒介的变化,决定着艺术文本形态的不断丰富,也决定着艺术创作主体、传播主体、接受主体角色的变化。这些变化对于丰富艺术创作、扩大艺术传播范围、增强艺术的影响力都有着不可忽视的作用。人类媒介仍在向前发展,更加智能化的媒介技术已经出现或正在出现,媒介技术的进步也将会使艺术的创作、传播和接受发生更加意想不到的变化,需要艺术理论密切关注。

## 第二节 媒介理论

中世纪民谣作为早期跨媒介艺术形式,在罗马教堂被传唱,神圣的"教堂"与世俗的"民谣"初步实现交融。从物质媒介到数字媒介,从早期具有宗教传统的跨媒介艺术到当下数字化时代的新媒体艺术,媒介理论也在不断发展,艺术以不同形态呈现于不同媒介,从实存的可观、可感的宗教艺术歌舞到当下的虚拟艺术,它具有跨越性和综合性,跨媒介艺术即是艺术本身跨媒介特性的鲜明体现。作为"人体延伸"的教堂成为神圣与世俗相交织的空间场域,融合不同媒介、形式及讯息,搭建着人类世界与天堂、上帝之间的沟通桥梁。文章追溯"媒介"与"跨媒介艺术"的古老渊源和最初表现形式,把握"跨媒介艺术"的历史性和时代性,以期对媒介理论与早期跨媒介艺术的关系有深入理解。

1964年麦克卢汉的《理解媒介》一书问世,该著作是新闻传播学领域的经典著作,对艺术研究也有着重要启发。此后,中世纪艺术的研究开始了对"艺术与媒介"关系的思考,即:从媒介的视角来阐释早期跨媒介艺术。在当下的传媒研究语境中,"跨媒介"直指信息在不同媒介之间的交流与互动，它带来媒介的融合并加速了媒介的一体化进程。在对中世纪艺术基于"跨媒介"视角的相关研究中，麦克卢汉"媒介是人的延伸"理论成为重要箴言，并被深刻运用于中世纪艺术的理论研究中。那么，如何理解大众媒介产生之前的中世纪媒介或跨媒介艺术，以及人文研究领域对跨媒介艺术——中世纪民谣和罗马教堂基于媒介理论视角的研究，就需要全面梳理与深入探究艺术媒介与跨媒介艺术之间的关联以及媒介理论与中世纪媒介研究的内在渊源。

## 一、中世纪艺术媒介与跨媒介艺术

以"媒介"的思路和视角来重新审视中世纪跨媒介艺术，中世纪与媒介相关的研究由此展开。首先，如何理解中世纪媒介的问题呢？中世纪媒介包括哪些内容呢？在中世纪媒介研究中，民谣、宗教颂歌、写作及书籍、教堂建筑、圣像、唱诗班等都被称作媒介，麦克卢汉理论的"泛媒介论"倾向得到发扬，从"媒介是人的延伸"到"教堂是人的延伸"，我们仍然可以窥见该研究深受麦克卢汉媒介思想的影响。对于当代大众来说，"媒介"概念已然比较容易理解，比如作为视觉媒介的宗教圣像与壁画、作为文字媒介的宗教书籍以及作为音乐媒介的中世纪民谣等。对于"大众媒介"概念尚未诞生的中世纪，如何从"艺术与媒介"之间关系的视角来更好地理解中世纪民谣和罗马教堂，中世纪媒介研究提供了一种解析方式。

伴随媒介技术的演进，媒介与艺术的关系不断呈现新变化，从某种角度来说，媒介理论的发展离不开不断审视动态发展中的艺术及其新现象。从物质媒介到数字媒介，从早期具有宗教传统的跨媒介艺术到当下数字化时代的新媒体艺术，媒介理论也在不断发展，艺术以不同形态呈现于不同媒介，从实存的可观、可感的宗教歌舞艺术到当下的虚拟艺术，它具有跨越性和综合性，跨媒介艺术即是艺术本身跨媒介特性的鲜明体现。"艺术媒介"是指艺术家在艺术创作中通过物质性材料，将艺术构思融入具有独创性的艺术品的符号体系，从广义上来说，歌谣、绘画、影视戏剧和新媒体等都是艺术的不同媒介形式与具象化实体，是艺术形态得以确立和发展的基础，从物质性媒介到精神性媒介，艺术思维与理念，甚至与艺术呈现形态相关联的社会文化观念都蕴含其中。

从媒介材料的发展视角，人类艺术的演进被归为天然媒介时期、人工媒介时期和数字媒介时期。天然媒介时期的媒介取材于自然界，比如动植物；人工媒介时期，人的审美意识逐渐融入物质性媒介材料，媒介活动获得质的飞跃与提升；数字媒介时代，人的感性与理性在新媒介的技术与艺术融合中继续生长。艺术可在不同形态的媒介中生长和发展，纵观对跨媒介艺术的研究，其重点在视觉传播和视觉文化研究领域。由当下来看，这一研究主要集中于影视戏剧艺术和媒体艺术研究。可以说，在不同的媒介技术时期，艺术的呈现形态也体现着阶段性与差异化的媒介思维与理念，并随着技术的变迁呈现出不同的媒介艺术景观。从古代到现代，艺术的发展总是体现着与社会文化的高度交融，关于艺术的未来，有研究者认为是一种具有合流趋势的媒介间性,也就是具有综合性、包纳性和跨越性的总体艺术。

伴随媒介技术的发展,跨媒介艺术的技术属性也逐渐被凸显出来。新媒体艺术是数字媒介技术与艺术的高度融合,艺术形态与艺术体验都由此不断向前延展。伴随数字技术的发展,技术生产创造着虚拟空间和视觉图景,视觉艺术与美学思维孕育其中,也更新着人的视知觉体验,甚至营造和拓展着人感官的多重感知。新媒体技术与艺术形式相结合,融合艺术活动的想象与沉浸特性,虚拟艺术不仅营造虚拟现实世界,甚至模拟人的观感、意识与认知。因而,古往今来,艺术媒介由于其吸纳不同媒介(指介质,非指大众媒介)元素的综合性与包纳性,它本质上就是媒介与艺术共融共生的跨媒介艺术,后文的探讨也将以这一理论为基础与前提。

## 二、麦克卢汉媒介理论与中世纪跨媒介艺术研究

中世纪民谣作为早期跨媒介艺术形式,通常被理解为教会时期非基督徒的亚文化,在当时它体现着一定的世俗性。中世纪民谣在罗马教堂传唱,神圣的"教堂"和世俗的"民谣"在同一空间场域之下逐步交融合一,民谣与传唱民谣的环境成为有机统一体。在对中世纪民谣功能的进一步探究中,媒介理论开始发挥重要作用。媒介理论与早期跨媒介艺术的关联主要体现在麦克卢汉媒介理论对早期跨媒介艺术研究的启发意义:正是在麦克卢汉"媒介即讯息""媒介是人的延伸"等理论的启发和支持下,对于中世纪艺术的研究开始关注"媒介"的"传递""运输""桥梁"等含义在教堂空间内部的体现。作为"人体的延伸"的教堂成为神圣与世俗相交织的空间场域,通过民谣的传唱以及一系列仪式化活动,融合不同媒介、形式及讯息,搭建着人类世界与天堂、上帝之间的沟通桥梁。罗马式教堂内部可被描述为一种综合性媒介,内有具有象征性的建筑和圣像等,通过融合四种形式——物质的、感知的、时空的、符号的——在同一教堂之内,产生着神圣经验,创造着无语言表的感知。

瑞典林奈大学语言与文学学院人类学和社会学系的西格德·凯文德鲁普曾在文章《"大众媒介"产生之前的"媒介":中世纪民谣和罗马教堂》中以麦克卢汉媒介理论为基础,对早期宗教场所的民谣、歌舞等跨媒介艺术进行了研究。在中世纪,教堂成为神圣与世俗相交织的场域,作为世俗艺术的中世纪民谣逐渐产生并在教堂内演出,民谣充当着一种媒介的作用,承担着人类世界与天堂之间信息的传递功能。面对通常将民谣描述为中世纪欧洲艺术形式的做法,西格德·凯文德鲁普将民谣理解为跨媒介的艺术,关注到艺术的"跨媒介"特质。而关于将其视为跨媒介艺术的原因,主要基于以下理解:在中世纪,大多数艺术形式都作为跨媒介形式而产生,且与大众直接接触,由艺术家们集体演出。在大教堂内部,融合着多种不同媒介和形式,形成宏伟的完整统一体,因其在同一时刻向大众传播讯息,且并不仅限于口头语言,因而被视作早期大众媒介。相关研究从媒介理论出发,对既相互融合而又存有边界的民谣、教堂等艺术媒介进行了较为深入的剖析。

其次，中世纪媒介研究中的"跨媒介"概念及视角与当下传播研究中"跨媒介"概念之间存有关联。在当下传播研究中，"跨媒介"最直观的理解是信息在不同媒介之间的交流与互动，是媒介之间的交融与共生，因而"跨媒介"势必与"媒介融合"及"媒介间性"概念存在着深刻的内在关联。在对早期跨媒介艺术的研究中，"跨媒介"的提法即是基于"媒介融合"与"媒介间性"作用的相互交织。从早期中世纪跨媒介艺术的相关研究来看，"媒介融合"与"媒介间性"之间的联系并非新现象，但对其未来发展走向的研究尚较新，张玲玲在《媒介间性理论：理解媒介融合的另一个维度》中分析了"媒介间性"概念在传播学领域形成的新内涵，媒介融合强调技术视野下的媒介共性，媒介间性强调文化视野下的媒介边界，二者共同作用于现代传播体系。可以说，从"媒介是人体延伸"这一基本概念的建立，到跨媒介艺术形式背后所蕴含的"媒介融合"与"媒介间性"交替作用，是中世纪媒介研究的主轴。

麦克卢汉所建立的"媒介"概念带来着深远影响，也对传统人文研究带来冲击。对于麦克卢汉的文章及其观点，媒介理论研究者们颇有微词，但也在一定程度上肯定了其价值。首先，《理解媒介》提供了一个普遍性的关于将媒介定义为"人体的延伸"的概念，它延伸着人类的身心感知能力。由此，麦克卢汉从根本上建立了其关于媒介的概念，且"人体的延伸"并不仅限于书、绘画、收音机、其他电子媒体，还包括车轮、房屋、桥梁等。其次，他提供了一种充满启发性的观点："媒介即讯息"，这使得崇尚"内容才是讯息"的传统人文主义者深感威胁。对此，麦克卢汉从"媒介对个人和社会造成的后果"这一视角进行了解释，认为任何新技术都带来了新延伸，而新延伸也带来着新标尺。回溯近年来媒介技术的发展，麦克卢汉的媒介理论已在历经诸多争议之后，成为既定准则。对于信息的媒介传播来说，以何种渠道和方式传播也有着显著不同。所有新"人体的延伸"（媒介）会给人们带来新的信息、新的大众阶层和新的可能性，以及文化中的彻底改变，且已变为"地球村"的一部分。总体而言，作为信息传播方式的媒介因其不同特质，也在无形中改变着信息本身。

## 三、从精神性媒介到物质性媒介

麦克卢汉理论为中世纪媒介研究提供了值得借鉴的思路，比如将"写作"描述为一种媒介。语音字母在中世纪的再次传播，对于当时的欧洲从部落社会到封建制的转变非常必要，因为其建立于被大众普遍接受的准则之上。从19世纪开始，欧洲便产生了大量关于"通用规则"的手稿，然而在当时，手稿的产生并非应公众启蒙之需，而是作为神圣的象征，以支持显赫人物的权威。权威人士运用写作这种媒介去建立通用准则，以及借此形成以广义封建法则为基础的社会秩序。在这里，作为媒介的"写作"成为一种建立社会通用法则的重要途径。

在12世纪，手写的本国方言书籍传播遍整个欧洲，按照现代观点，这本书就是大众媒介。在当时几乎无人识字的欧洲北方,书被视为神圣之物,可供在圣坛之前宣布誓言,它也被视为一种"媒介"——一种通往神性的途径。在这里,书籍和民谣一样,被视为人类世界与上帝之间的沟通桥梁。在早期社会,人们对视线之外的整个世界一无所知,"上帝"成为他们对未知世界的想象,他们需要在与距离当下世界遥远的、不可见的"上帝"之间进行斡旋——不管它们是神灵还是人类,斡旋是传播交流的中心要素。在这里我们看到媒介的最初定义,在拉丁语中,媒介意为在两种极端事物之间进行信息的传达和周旋。媒介是两个不能直接进行交流的部分进行沟通的桥梁,正如奴仆和国王、人类和上帝之间。可以说,中世纪的"媒介"最初只是指精神上的传播功能,而在我们这个时代,媒介的内涵为物质性的。教堂正厅包纳着不同的媒介形式,成为多媒介和多模式空间,其本身并不神圣,但是却通过与神圣空间的交汇而具有特殊氛围。从概念到行为(歌曲、戏剧、艺术),不可见的、精神性质的媒介搭建着天堂通往人间的桥梁。

在中世纪跨媒介艺术研究中,较之"媒介融合","媒介间性"这一概念出现得更为频繁,宗教圣像与其解析含义的文字之间存在着"媒介间性"的关系,在这里"媒介间性"更侧重于媒介或媒介元素间的不同组合关系,甚至这种宗教圣像本身即是"媒介间性"作用之下的一种综合体。而按照当下新闻传播研究中惯用的"媒介融合"概念来说,中世纪媒介研究中的"媒介间性"就是以"媒介融合"的视角出发的,或者在某种程度上说二者的意义有差异却又有着重要联系。在教堂内部,精神性媒介(内隐的精神性的不可见的事物)与物质性媒介(外显的实存的可见的事物)在媒介融合与媒介间性的作用之下,创造着世俗与神性相交织的异域时空。

作为媒介融合大熔炉的教堂,内部包纳并融合着各种元素,又可被称为综合性媒介。"教堂"的概念来源于希腊语"上帝的居所",意思为"上帝的延伸",教堂后来分为唱诗班和教堂正厅两个部分,在二者之间隔着一扇门。这种转变对于教堂作为一种大众媒介有着尤为重要的意义,十字架或"胜利墙"将罗马教堂分隔成两个部分,在举行圣餐仪式和庆祝复活节时,教堂正厅会开一扇门,通过这扇门可见唱诗班。只有神职人员有权直接进入,因此,这里又被称作"圣所"。而且,唱诗班被视作教堂至圣之地,即被认为是通往上帝的桥梁,或者说是与上帝进行沟通的桥梁。

对中世纪艺术的视觉媒介研究也同样会关注艺术的"跨媒介"特性。在罗马时期,教堂正厅主要由风格化的神圣绘画装饰,视觉媒介的符号特性鲜明地体现于当时的教堂绘画作品中。带着教导性意图,这些绘画成为一种新媒介。它们将人类生活描述为美好与污秽、美德与邪恶之间的永恒斗争,而且视觉媒介以不同方式进行组合,配有诸多文本,以解释图片含义。从某种程度来说,装饰背后的图片信息因其符号指涉含义,即使跨越不同民族也能被理解,大约在1300年,人们能够看见描述各种各样生活方式的绘画,这些都取材于骑士民谣和小说。

基于中世纪媒介研究的推演,罗马式教堂内部可被描述为一种综合性媒介,内有建筑性象征和圣像。通过融合四种形式——物质的、感知的、时空的、符号的——在同一教堂之内，产生着一种特殊的神圣经验：无语言表的感知，在媒介之间共性的融合与差异的共存下，在教堂内，一种新的模式有可能产生于宗教性、世俗性空间相融合之际。当看见教堂物质的、感知的模式时，人们体验着神圣的静态空间，不同于任何其他建筑。绘画逐渐清晰可见，开创着独特时空，大部分绘画讲述着古代圣人以及圣经里的故事，其中有一些描述着当代图景，但是最令人警觉惊慌的是未来毁灭日的图景。宗教颂歌将圆圈舞与歌词融合于一种或两种独奏乐声之中，由众人演唱突出重音，与独奏持久呼应。基督教合唱是中世纪民谣起源之一，也是古老的跨媒介艺术形式。在中世纪早期的媒介研究中，颂歌与民谣都是作为媒介的形式而诞生，其次，媒介的融合跨越不同文化领域，教堂成为媒介融合的大熔炉。

中世纪媒介研究即是对早期的媒介——"艺术媒介"如中世纪民谣和教堂（实质上也是跨媒介艺术）的研究，"跨媒介"的提法更加凸显着媒介（建筑、圣像、唱诗班等）之间的边界，不同媒介如何跨越具有差异的边界，形成和谐完整的统一体是早期跨媒介艺术不懈的追求。在对"媒介"概念尚未诞生的中世纪进行媒介研究时，"媒介间性（Intermedia1ity）"被用来指代民谣和教堂等早期跨媒介艺术，这类综合艺术也是早期的媒介，且融合着不同的媒介表现形式。从"媒介间性"到"跨媒介"，不同媒介试图打破边界，因而，在早期与中世纪有关的媒介研究中，"媒介间性"指的就是不同媒介以及不同媒介元素之间的不同组合方式所创造出的新意味，理解"跨媒介"渊源，有助于我们更好地理解"跨媒介艺术"致力于消除不同媒介（元素）边界的意图。

西格德·凯文德鲁普拓展了中世纪跨媒介艺术研究的视角，从中可以窥见麦克卢汉媒介理论的开拓性及深远意义，也难免存在一定程度的"泛媒介论"倾向。麦克卢汉理论被创造性地用于对早期宗教跨媒介艺术进行全面分析，包括当时基于维护宗教神圣象征和封建秩序的写作、教堂、圣像图等，该研究对于"媒介融合"和"媒介间性"关系在艺术媒介研究领域的探讨有着重要的启发作用。传播研究领域的媒介理论能够很好地阐释早期艺术媒介，这是理论本身的超越性，在艺术研究中，"媒介"的含义被拓展。中世纪"媒介"最重要的意义在于，其经由人类行为（歌、舞、戏剧等）在教堂内与神圣空间相交汇，比如民谣在罗马教堂的传唱加之教堂神圣的空间氛围与意义使之融合成一种有别于民谣或教堂本身的全新模式，而在人类与上帝、世俗与神圣之间搭建沟通的桥梁。

中世纪媒介研究在一定程度上拓展了中世纪跨媒介艺术研究的视角，从中可以窥见麦克卢汉媒介理论的开拓性及深远意义，其也难免存在着一定程度的"泛媒介论"倾向。麦克卢汉媒介提供了一种理论视角，并被用以创造性地对早期宗教跨媒介艺术进行全面分析，包括当时基于维护宗教神圣象征和封建秩序的写作、教堂、圣像图等。中世纪艺术、文字与图像媒介都参与着人类世界与未知世界之间的沟通桥梁，对于"媒介融合"和"媒介间性"关系在艺术媒介研究领域的探讨有着重要的启发作用。中世纪"媒介"最重要的意义在于，其经由人类行为（歌、舞、戏剧等）在教堂内与神圣空间相交汇，比如民谣在罗马教堂的传唱加之教堂神圣的空间氛围与意义使之融合成一种有别于民谣或教堂本身的全新模式,而在人类与上帝、世俗与神圣之间搭建沟通的桥梁。对于"跨媒介"研究来说,初始艺术的跨媒介特性渊源尤为重要。在历经宗教祛魅、世俗生活和市场影响力逐渐凸显之后,早期跨媒介艺术也呈现新特征。大众媒介产生之前的媒介和跨媒介艺术,将饱含宗教意味的教堂喻为媒介融合的大熔炉,不同的媒介作为不同文化意义和内涵的载体,在媒介融合过程中跨越边界,媒介间性使不同媒介元素保有独特个性,而媒介融合促进着它们合而为一的步伐。

## 第三节 新媒介与文化传播

文化自信是人们对传统和主流文化的信任和坚守,对文化内涵和价值观念的肯定和信仰。媒介的文化传播是文化传承、发展与创新的过程,而新媒介促进多元文化传播的同时,也使受众面临"难以抉择"和文化价值观念重构或异化的困境。为此,要培养受众的文化自信,增强对传统和主流文化的认知与信任,养成对多元文化包容的态度,提升对外来文化吸收借鉴的能力和文化使命感,并最终实现新媒介文化传播的健康发展。

党的十八大报告提出"树立高度的文化自觉和文化自信"具有重要意义。文化自觉是对文化应有"自知之明",对文化发展规律的把握和使命担当。文化自信宏观上指"一个国家、一个民族、一个政党对自身文化价值的充分肯定,对自身文化生命力的坚定信念"。从微观角度来看,文化自信是人们对传统优秀文化和主流文化的信任和坚守,对文化内涵和价值观念的肯定和信仰。文化自信的培养使人们在多元文化传播环境下拥有文化选择的辨别能力,对外来文化吸收和借鉴的自主能力,以及对优秀文化继承与发展的使命感。

媒介是文化的载体和传播的重要渠道。Web2.0时代新媒介的广泛应用和其建构的"自由"、"平等"的传播环境,革命性地颠覆了人们的生活方式和存在状态,多元文化的接触和融合成为可能。"人的数字化生存"生产了大量消遣、娱乐、恶搞信息,挤占了人们的媒介使用时间而丧失了学习优秀文化的空间,受众面对新媒介的多元文化选择时"难以抉择"。因此,要使受众具有学习和运用优秀文化以及吸收借鉴外来文化的能力、传承与创新文化的使命感,必须认清新媒介的文化传播功能,辨析文化传播现状,才能最终实现受众的文化自信。

### 一、媒介的文化传播功能和作用

媒介是文化传播的重要渠道。历史上的文化传播主要依赖于人口流动、迁徙,当代社会由于交通、传播科技的发展创新了多样化的文化传播媒介。文字符号出现之前,人类依靠口耳相传,文化形态碎片化而不宜保存,文字的出现使得这一时期的文化得以延续和发展至今;纸质媒介的发展和印刷术的改革拓展了文化边界和文化传播区域;电子媒介颠覆了文化的表现形式和传播模式。纵观传播发展史，新媒介在其产生和应用的特定时期都必然带来文化的变革。多伦多学派哈罗德·伊尼斯指出，"一种新媒体的长处，将导致一种新文明的产生"，就是媒介在传播文化的同时也创新和影响着文化的表现形式和传播模式，文化与新媒介的结合是对文化新的符号化和重塑过程。后继学者麦克卢汉认为媒介是人的延伸，是当代社会最具有创造活力的文化形态，媒介即文化，媒介传播即文化传播。媒介与文化传播之间的关系，主要表现为三种形式。

首先是媒介的文化传承功能。文化传承是文化的继承与发展，是传统文化与现代社会结合之后的文化再生产，媒介的文化传承体现了文化的历史性与社会性结合。媒介具有传播传统优秀文化的义务，大众传播时期提出的社会功能理论认为，媒介有"教育社会成员，传播文化知识、社会道德规范和价值观念"的功能，不同国家、不同时期、不同形态的媒介结合自身传播特征，展示着一个民族、国家、地区的优秀文化，也是现代社会人们了解和学习传统文化的重要渠道。

其次是媒介文化传播促进文化发展。文化发展是一个极其宏观和复杂的概念，从媒介的文化传播现状分析，融汇了不同形式和内涵的媒介文化传播活动，不断影响着人们的文化思想和社会文化结构，展现了文化的核心价值观念和社会效用。文化发展建立在文化传承的基础之上，如一个中国传统的哲学观点，不仅要学习它的核心思想，了解它提出的历史和社会背景以及对人和社会的意义，还要结合现代社会的客观环境以及人的价值目标进行新的阐释。

再次是媒介传播过程中的文化创新。媒介文化传播过程中的传承与发展，都包含着文化创新。文化创新源自人的社会实践，传统文化根植于传统社会，是历史上人们认识世界、改造世界的思想与实践的总结，要指导现代社会实践活动必须进行文化创新。同时，科技发展与社会制度变革导致人们认识世界的方法与理论具有明显的时代性，随着传播技术的日新月异，文化表述形式的变革也拓展了人们认识世界的方法，文化创新也体现在媒介技术的发展过程中。

媒介的文化传播过程包含文化的传承与发展，创新伴随整个传播过程。媒介技术变革与新媒介的广泛应用不断优化着文化传播环境，媒介新的传播特征必然建构文化传播的新平台。

## 二、新媒介的文化传播现状

Web2.0时代的新媒介发展建立在数字技术、网络技术、移动通信技术和多媒体技术基础之上，以微博、微信和社交网络等为代表的新媒介文化传播建构了"平等""自由"的传播环境与文化传播的新平台，传授主体的交互与多元文化"对话"创新了文化融合与发展的新途径。然而新媒介的文化传播也面临诸多困境：多元文化共存是否带来受众辨析与选择的困难，文化价值观念差异与传授主体的参与是否导致文化接触与融合过程中文化异化，边缘文化与外来文化的共享是否削弱受众对优秀文化的认知和信任等，这些问题的解决，需要我们客观审视新媒介的文化传播现状。

### （一）文化传播新平台的建构

与大众媒介和传统互联网媒介相比，新媒介所呈现出的诸如微博、微信和社交网站等媒介形态，建构了人们"自由"表达和获取信息的平台。人们在转发、评论、互动的过程中完成信息创作，具有了传授主体双重身份，传播者与受众拥有了"平等"的话语权。自由、平等的传播环境与主体交互的常态化突破了大众媒介的直线传播模式和意识形态的限制，传统文化与外来文化、主流文化与边缘文化、精英文化与草根文化之间的"对话"搭建了文化"狂欢"的舞台和"观点的自由市场"，拓展了受众对文化的选择空间。

文化融合是"不同文化通过接触相互适应、渗透、吸收与调和，达到交融并形成新的文化"。新媒介传授主体的交互过程促进了文化的交流，多样化的媒介形态丰富了文化的表现形式和传播模式。新媒介文化传播如同一场饕餮盛宴，人们可以分享激情慷慨的诗词，欣赏清新唯美的图画，也可以学习传统文化精髓，追求现代感性认知。因此，新媒介文化传播是人们接受、传播各种文化并在分享、交流、互动中实现多元文化相互接触、碰撞、融合的过程。

### （二）新媒介的文化传播困境

新媒介建构文化传播新平台的同时，也带来了受众面对多元文化的难以抉择，文化融合过程中核心价值观念的遗失，以及文化的异化导致受众对优秀文化认知、信任和传承使命感的削弱等困境。

大众媒介是主流文化的言论场，长期单调的"填鸭式"的文化宣传疏离了传授主体的关系，也忽视了受众的个性文化需求。具有极大开放性的新媒介满足了受众的潜在文化需求，而在多元文化"狂欢"的背后，隐含着诸如黄色、暴力、迷信等消极文化的"沉渣泛起"，"媒介新技术给人们带来的最大困扰，并不是别无选择，而恰恰是难以抉择"。文化选择面临两个难题，首先是对文化的辨别，不同文化导向引领人们不同的发展方向。如何辨别文化的核心价值观念及其与人的全面发展的关系成为首要问题。其次是对文化的选择性接触，多样性文化给受众带来不同的满足感，消极文化的表现形式和传播方式更加注重迎合受众需求，受众"消费"文化的同时可以获得身心愉悦的体验。有限的时空环境下接触优秀文化还是"消费"文化成为受众文化选择的另一个问题。

新媒介传授主体的交互过程促进了多元文化的接触与融合。海德格尔后期思想与哈贝马斯的交往理论都强调了主体间的关系是一种对话、交往的关系，建立在这种关系上的自我中心的主体性逐步削弱，继而成为一种主体间相互吸收、相互作用的联系，而人的交往又必然存在于客观世界。因此，主体的交互与客观生活背景的联系成为建立"共通的意义空间"和融合文化的前提。新媒介文化传播主体的差异和现实生活背景是客观存在，为建立"共通"，主体的交互有可能导致文化融合过程中核心价值观念的重构或遗失，甚至文化精神的泯灭。同时，文化的表现形式和传播模式的创新过程，含有商业侵蚀和技术内化的可能，导致文化指向于传播效果的差异和文化异化，难以辨别文化的真正内涵和价值取向，继而削弱受众的文化认同，成为文化消费者。

由上可知，新媒介建构了文化传播的新平台，促进了文化融合，也造成了受众"难以抉择"文化选择困境，而文化核心价值观念的遗失与文化异化有可能导致受众的文化认知和传承使命感的削弱。要走出新媒介的文化传播困境，必须培养受众的文化自信，构建绿色、和谐的新媒介文化传播环境。

## 三、培养受众的文化自信

新媒介是培养受众文化自信的重要平台，文化传播应该实现受众对传统文化与主流文化认知与信任，养成对多元文化包容的态度，培养对外来文化吸收借鉴的能力和文化使命感，即受众文化自信。

传统文化根植于中国社会发展历程，是中华民族共同创造的文明结晶，"这是历史留给我们最宝贵的财富，为我们提供了文化自信的历史源泉"。主流文化是一个时期社会主导的、在社会生产和交往过程中具有指导性作用的文化。中国当代社会的主流文化即中国特色社会主义文化，是中国人民文化自信价值观念的核心。人的全面发展要有一种文化思想的支撑，即文化认同，否则"一个人的行为在总体上就很难是合理的，而很可能是非理性的和混乱的"。因此，增强受众对传统文化和主流文化的认知是新媒介传播培养受众科学理性价值观念、实现文化自信的首要任务。同时，结合新媒介传播特征，文化的表现形式、传播模式和途径都要进行自适性调整，"返本开新"，客观对待受众媒介使用习惯，尊重受众审美和传播需要，在多元文化共享的新媒介环境下扩大影响力和感召力。需要注意的是，文化与新媒介结合不是对文化价值观念的否定和颠覆，甚至异化，而是要实现文化的增值与受众的文化自信。

新媒介自由平等的传播环境建构了多元文化的言论场，文化之间的接触、碰撞与融合为受众提供了多样化的文化选择，然而文化之间存在差异，文化内容、形式、价值观念的区别导向不同的发展方向。文化自信不是文化的故步自封，也不是受众对文化内容、形式传播的循规蹈矩。文化自有思想观念和审美的优势，传统与现代、主流与边缘、精英与草根，包容的态度是文化精神完全展现的前提，也是受众文化自信的体现。接受一种文化内容不否定另一种文化表现形式，信任一种文化价值观念也不排斥另一种文化审美，文化自信就是要有包容文化差异性，尊重不同文化优势的态度。但包容的态度不是受众对一切文化和形式的肯定，对那些阻碍人的健康发展，与时代潮流和社会规律相悖，如封建迷信和黄赌毒等文化应该批判和反思。

培养受众的文化自信，不仅仅是对传统文化和主流文化的认知以及对多元文化包容的态度，还要培养受众对外来文化吸收借鉴的能力。新媒介极大的开放性融合了来自不同地区、不同领域形式各异的文化,而这些文化都有其存在的价值和传播特质,或在生活上提供视听娱乐、工作上提供技术指导,抑或在学习上提供创作灵感、思想上提供广域视角。发掘不同文化从形式到内涵的优势,辩证地分析文化差异,既丰富和发展了受众自身文化体系,也在不断地学习和扬弃过程中坚定了文化信仰,受众对外来文化吸收借鉴的能力也在循环往复的传播中得到提升。

同时,受众的文化自信还体现在受众的文化使命感,即受众对文化传承与发展的忧患意识和创新文化的责任感。文化使命感"不仅是理论形态的,它更强调与看中的是实际的落实"。主体交互常态化提升了受众参与传播的能动性,获得传播自主权。文化使命感的落实体现在文化传播过程中的选择与创新以及主体交互中对传统和主流文化的信任与信心。

# 第五章 新媒体时代传播媒介的理论研究

## 第一节 新媒体时代媒介传播面临的伦理困境

新媒体传播过程中出现的安全问题、虚假问题、污染问题等已经构成了新媒体传播环境的生态危机,对新媒体传播过程中凸显的伦理道德问题进行清醒认识,并提出解决对策显得尤为迫切,这样才能构建一个纯洁、干净、和谐的媒介传播环境。文章重点研究新媒体时代背景下媒介传播面临的伦理困境,接着再提出解决对策。

当我们生活的旧环境中被引入一种新元素时,我们就进入了一个全新的环境,新媒体就是在这样的环境中应运而生的。新媒体以数字技术为主体,已经改变了人们的生活、学习和工作环境,建立了一个全新的生存空间。大量的事实一再证明,新媒体给社会带来了现代文明的进步力量,但是随着传播环境越来越开放,对使用新媒体的群体也提出了道德要求。在新媒体环境下,自律不足,他律滞后等道德乱象随之出现,新媒体传播过程中出现的安全问题、虚假问题、污染问题等已经构成了新媒体传播环境的生态危机,对新媒体传播过程中凸显的伦理道德问题进行清醒认识,并提出解决对策显得尤为迫切,这样才能构建一个纯洁、干净、和谐的媒介传播环境。本节重点研究新媒体时代背景下媒介传播面临的伦理困境,接着再提出解决对策。

### 一、媒介传播伦理的内涵

所谓媒介传播伦理,就是媒介在传播过程中涉及的道德关系,我们都知道媒介传播是一种社会现象,传播学和伦理学在传播行为的道德研究上出现了一些交叉,这就是传播伦理学的研究范畴,这是一门新兴交叉学科。媒介传播伦理,其实与家庭伦理、企业伦理、环境伦理有着异曲同工的内涵。媒介传播伦理具有一定的道德属性,形成了自己的特点,比如普遍性、强制规范性、利他性、层次性、阶级性等。媒介传播伦理的强制规范性就是媒介传播主体在实施传播行为时要遵守社会道德规范;利他性就是媒介传播行为要对他人有利,不存在恶意。在新时期背景下,新媒体的传播要遵守基本的伦理,才能构建一个和谐的媒介传播氛围。

## 二、新媒体时代媒介传播面临的伦理困境

具体来说,新媒体时代媒介传播面临的伦理困境有以下几点。

### (一)新媒体传播中的虚假问题

我们都知道新媒体以网络技术为载体,网络技术可打破时空限制,具有低门槛、互动性强等一系列特点,每个人都可以成为发布信息的主体,一些不符合事实的信息也会蔓延在新媒体平台上,从目前来看,我们经常发现各种各样的虚假信息,某明星"被结婚""被离婚",某领导"被跳楼"的新闻经常出现在新媒体视窗中。如 2017 年 2 月,一段关于"紫菜是用塑料做的"视频在网络上大肆传播,在这段视频中,一些人先将紫菜泡在水里,然后用手撕扯,继而用火烧,证明该紫菜难以扯断,点燃之后还有一些刺鼻味道,直接说紫菜是塑料做的,还提醒广大网友拒绝紫菜。该视频一经发布,引起了巨大反响,转发量和评论量不断上涨。一些紫菜企业的发展受到了严重影响,还有一些匿名电话向紫菜厂家勒索,如果不给钱的话就继续传播这些视频。显而易见,这些谣言具有危害性,给不法分子的犯罪提供了土壤。还有一些人在网上发帖子诽谤他人,或者通过移花接木的图像处理技术合成一些影像,侵犯他人的肖像权,这些情况都说明当前的新媒体环境下,媒介传播存在虚假的伦理问题,平台上充斥着各种各样的网络谣言,污染了媒介环境。

### (二)新媒体传播中的安全问题

这方面的问题包括两个层面,一是传播系统安全问题,二是信息内容的安全问题。新媒体建立在网络技术基础之上,网络技术本身就具有不稳定性和不可靠性,这些都会对媒介传播内容和过程带来一些巨大影响。最重要的是,当前由于人为因素而诞生的病毒和黑客越来越多。计算机一旦遭受攻击,就会给网络使用者带来巨大损失。相关部门统计,中国网络用户每年因为网络安全问题,损失的钱财高达 100 亿。还有专家指出,一些网络黑客通过木马病毒植入来窃取账号,实施网络盗窃行为。从制造病毒到传播病毒,直至到第三方平台上进行销赃、洗钱,形成了一条网上黑色产业链,这给社会经济造成了巨大损失。而每到一部电视剧即将开播时,很多网名的网页上、智能手机上都会出现这部电视剧的链接,但是网民一点击这个链接,就会中病毒,弹出广告消息对话框,使网络环境变得不安全。

### (三)新媒体传播中的污染问题

新媒体的普及提升了社会大众的参与性和互动性,可以借助网络终端自由发布信息、接受信息,但是新媒体平台也是一个"藏污纳垢"的地方,充斥着很多无用的垃圾信息,造成了信息污染问题。目前,我们在上网时经常接收一些垃圾邮件,被强制性地浏览一些信息。中国互联网协会对垃圾邮件进行了界定,是指没有经过网络用户允许以及网络用户拒绝不了的邮件,这些邮件包含虚假信息、不良信息和有害信息等。强制浏览性信息包括强制出现强制标题、强制标题等。这种信息污染问题给人们的生活带来了很大的困扰,降

低了人们浏览信息的效率。其实，不管是垃圾邮件，还是手机垃圾短信，近些年来，新媒体平台上出现了一个重要问题是涉黄信息越来越多。网民可以很方便地接触到色情图片、色情小说等。这些信息犹如瘟疫，打乱了正常的媒介传播秩序，更会给未成年人的成长营造不健康的媒介环境。

## 三、解决新媒体时代媒介传播伦理困境的对策

### （一）加强相关法律建设

我国已先后颁布了一些与信息网络安全有关的法规条例，但从总体上看，此类法律法规体系尚有待完善。我们应认真研究网络信息传播中存在的问题，并借鉴发达国家的立法经验，制定适合国情的我们自己的网络法。目前，我国应该完善个人信息保护法律法规，21世纪是一个大数据时代，越来越多的商家意识到个人信息的价值，甚至出钱购买社会大众的信息，这就导致很多人的信息被泄露，其实这是一种不法行为，侵害了公民的基本权利，所以我国当务之急是建立完善个人信息保护的法律法规，要保证信息安全，这样才能给社会大众足够的安全感。

### （二）科学使用计算机安全管理技术

要想防范计算机网络安全问题，使用合理的安全技术势在必行，首先要使用防火墙技术，可以对一些出入程序设置权限，达到安全控制的目的，防火墙技术可以隔离病毒，在安全网络和非法网络之间构筑起一道安全屏障，防范病毒入侵，计算机系统必须设置防火墙技术，减少网络使用者丢失文件的风险。其次，计算机系统要使用病毒防范技术，目前，病毒防范技术越来越多，诸如360杀毒软件、QQ管家、卡巴斯基、金山毒霸等杀毒软件都可以根据实际情况进行设置。再次，网络使用者要注意防范网络安全风险，在浏览网页时，网络使用者要辨别计算机插件的安全性，不要安装没有经过安全检测的电脑插件，否则会减慢计算机系统的运行速度，也可能会植入病毒。

### （三）深度调查，网络谣言止于真相

在新时期背景下，不管是传统媒体还是新媒体，都应该进行深度调查，还原事实真相，保证社会大众的知情权，事实证明，只有为社会大众提供优质的新闻内容，才能在激烈的媒介竞争中立于不败之地。从目前来看，传统媒体有其自身优势，传统媒体比新媒体更具有权威，在市场竞争不断加剧的情况下，传统媒体要加强权威解读，调查事实真相，这是保证媒介传播伦理的重要措施。2017年4月10日，一篇"厦门老汉捞出清代巨无霸翡翠原石、值数十亿"的文章在微信上盛传，之后，新华网、腾讯网等知名网站都转载了这则新闻，还配置了一些图片，证实这则盛传于微信上的新闻是真实的。那么，真相是否真的如此呢？之后，有资深记者专门前往厦门老汉的家中进行调查，发现微信上盛传的新闻只是一条到处东拼西凑的假消息。文章在网上传开后，给这位厦门老汉添了不少烦恼，不少

朋友要求参观翡翠原石,他在微信朋友圈澄清事实,被不少朋友调侃。记者追踪发现,这一拼凑假消息最早刊发于台湾某媒体,在大陆各大网站转载。记者进一步搜索发现,玉石图片来源于2009年11月24日的《钱江晚报》的文章《这块石头到底值多少钱》的报道,说的是一云南人从缅甸收购一块5吨重原石运抵杭州。显而易见,如果记者不进行深度调查,这样的谣言将会继续传播,要想治理网络谣言,深入一线进行深度调查是必不可少的。

## 第二节 新媒体时代文化传播媒介化

进入社会历史发展的崭新阶段,互联网与通信技术的发展逐渐加深,新媒体正逐步取代传统媒体,展现出自身在社会各领域不可或缺的重要作用。文化是一个国家和民族成长的必要保证,文化传播媒介是文化与社会公众,世界市场之间的联系纽带,传播媒介是否便捷、高效,直接关系文化传递的效果,乃至我国文化软实力的建设。在本节的研究中,将具体论述新媒体时代背景下,文化传播媒介的变化,并将数字媒体技术作为研究的主要对象,探求当下环境中,我国文化建设事业何去何从。

鉴于对当下信息技术的研究,文化传播的固有形式基本上被完全颠覆。传统文化传播的形式具有明显的时间与空间限制,而新媒体借助互联网移动终端的平台,渗透到社会群体生活的各个角落。面对传统媒体与新媒体之间的发展矛盾,应当结合文化发展的现状,开展深入分析,为我国文化传播选择更加便捷、高效、稳定的平台。

### 一、新媒体时代文化传播肩负的新使命

#### (一)引导时代舆论传播

新媒体对应的是传统媒体,其作用发挥的主要导向是数字化手段,将网络媒体、移动终端、手机媒体等不同的文化传递平台联系成为一个有机整体。新媒体技术是具有先导性和时代性的,其运行的过程尤为复杂多样,为逐渐依赖互联网进行信息获取的社会群体提供丰富的资源与信息。

先进文化的传播具有极强的领导能力和影响力,且能够对社会群众的成长和发展方向起积极的促进作用。与此同时,不断革新的文化传播形式对受众的认知行为、价值观念等具有十分深远的影响。在互联网平台高度发达的今天,社会市场中良莠不齐的文化内容对成年人而言可做出较为准确的判断,而对于青少年而言却极易产生不良影响和消极作用,而新媒体时代文化传播媒介化的重要责任便是甄别海量信息中积极的、优质的内容,利用正能量的舆论引导大众,避免社会群体受到负面信息的消极影响,对社会产生正确的引导力和推动力。

## （二）传承优秀传统文化

我国对待传统文化的态度是继承和发扬相结合，也是现阶段我国文化建设的重要出发点和落脚点，其主要目的是对内继承传统文化，对外展现全面完整的中国形象，提升国家软实力，增强和提高中国在世界领域的影响力和地位。在互联网与大数据发展的今天，新媒体崛起无异于凭空增强了中华传统文化传承和发展的视力，文化传播的媒介众多，利用数字媒体艺术的便捷性、高效性能够有效提升文化传播的速度和广度，具有十分重要的社会意义。

## （三）服务社会主义核心价值观

社会主义核心价值理念是当下我国精神文明建设的核心内容，也是社会文化传递内容的集中表达。在社会主义核心价值观传播的过程中，数字媒体发挥了至关重要的作用，产生的积极影响有目共睹。例如，在家喻户晓的节目《感动中国》中，树立了一个又一个社会楷模，便是当代核心价值观的最佳体现。

需要注意的一点是，在新媒体背景下，文化传播存在抽象化、形式化、口号化等不良现象，导致一部分文化在层层传递中"失真"，怎样有效克服以上问题，促使文化传递展现出时代意义和社会意义，值得相关工作人员考量。

# 二、新媒体时代文化传播的新路径研究

## （一）创新传播理念，占领市场份额

党的十八大对文化传播进行了深化改革，转变了传统意义上的传播思路，定位了崭新的传播渠道，将传播内容设定为更符合社会群体的形式，其传播的语言表达、整体形式都随着时代发展进行调整。

首先，对文化传播的定位进行转变，在传统不对等文化传播的基础上实施平等传播，更为重视文化的平民化、本土化传播理念。例如，《舌尖上的中国》将我国各个地区的饮食文化以直观、生动的形式展现在群众面前，经典的旁边解读、详尽的视频展现，对内能够增强本土民众对文化的认同感，对外能够实现文化传递与输出，赢得众多观众的一致好评。

其次，现代化的文化传播转变了传统传播媒介高高在上的地位，将大众的文化需求和审美需求作为文化传播的导向力量，以喜闻乐见的形式展现多样化文化内容，拉近了文化与受众的距离。

## （二）创新传播方式，构建传播矩阵

当下社会中信息高速发展，并且出现了文化传播过程中的衍生品，表现出传统媒体不具有的优势作用。回顾我国众多主流媒体的文化传播方式能够看出，大量媒体平台开始着手进行自身的文化建设、传递方式创新等，与传统的单一化媒介不同的是，将文化传播的需求者和话语权下放，使得社会群体均能够成为文化传播的成员之一。

例如，在 2020 年春节联欢晚会中，中央电视台与抖音、微博、快手等媒体合作面向全球直播，在海内外观众中产生了巨大的影响。文化传播过程中高质量的内容互动能够展现出文化传递，表现出了我国深远的民族文化、民族精神，在世界文化传播领域"一石激起千层浪"。如图 3 所示。

### （三）发挥内容优势，引起受众情感共鸣

传统媒体在文化传递的过程中具备极为固定的信息受众，且能够产生无可比拟的社会公信力，然而，传统媒体在文化表达、线上互动、信息时效性等方面也存在一定劣势。鉴于此，在新时期新媒体进行文化传递的同时需要扬长避短，正确认识自身媒介作用的优势与劣势，吸收传统媒体的优势，保证文化内容真实有效的基础上升华文化内容。与此同时，需要结合新媒体的传播技术和传播手段，引发社会公众的情感共鸣，力求达到优质的文化传播效果。

随着我国新媒体市场不断发展，文化传播、信息传播的速度不断加快，且能够实现文化对社会群体的引导、服务、推动、宣传等综合性的作用。在当下时代，新媒体工作人员承担着文化甄别、文化传播的重要责任，应准确把握时代脉搏，准确判读当下市场与群众需要的文化内容，修正当下文化市场中存在的问题和隐患，逐渐成长为新时期时代精神、社会文化的引导者。

## 第三节　新媒体时代的媒介传播之变

新媒体时代自身具有信息传播单程速度快、传递往来频次高、内容复杂多元的特性，空间与时间的限制被逐渐打破，社会传播模式也随之由传统的"国家—媒体—个人"向"所有人—所有人"的新模式过渡，在这一过程中，记者身份的重新确认、品牌传播的更新升级、新闻伦理的再探查以及受众心理对传播理念的渗透都充盈着这场媒介传播新变。

新媒体的诞生从方方面面影响着传统媒体的固有生存状态，电视、报纸、电台等媒体的受众迅速减少，在新媒体冲击下越来越多的受众主动选择分流，但就传媒领域整体而言，受众的注意力、忠诚度以及理解水平等方面仍旧存在需要探讨的空间。新媒体在向大众传播消息的不经意间改变了新闻的传播方式。目前，移动互联时代使得移动性成为信息传播即时性的最高体现，用户和机构间的结构不断演化，形成互为中心的交流范式。如果要讨论现代社会新媒体的传播形态，那么注定绕不开个性、多元、多变的特征定位，与之相伴的，是信息媒体结构的变革，以及传播渠道的扩展和传播媒介的整体变迁。

## 一、新媒体时代的记者转型

新媒体时代信息更新速度大大提高，社会传播模式也随之由传统的"国家—媒体—个人"向"所有人—所有人"的新模式过渡，麦克卢汉所说的"媒介即信息"在新的传媒领域发展中得到新的验证。新媒体的媒介形式已然成为信息的一部分对当下社会产生潜移默化的影响，在这种新形势下大众无须受到时空的制约，随时随地可以通过随身携带的通信设备进行信息的接受与传播，这种信息接收习惯的改变实际上正引发并不断推动着整个传媒行业的动态调整。

新媒体时代自身具有信息传播单程速度快、传递往来频次高、内容复杂多元的特性，由此如果依旧使用传统媒体的新闻工作方式，无法完全发挥新媒体的优势，从这个角度出发，新媒体时代的新闻从业人员，更需要保持与时俱进的态度，不断更新知识体系与工作方法，切实挖掘新媒体的平台优势，促进新闻行业的变革。

## 二、新媒体时代的品牌传播

新媒体时代的传媒变革不仅体现在媒介本身，也充盈着与媒体相关的行行业业，可以说新媒体环境对品牌传播的模式和策略设计提出新要求。与此前的大众传媒时代相比，信息传播模式已经发生重大改变，从单向流动的受众被动接受，变成受众参与其中甚至成为信息生产者的新形势，曾经的接受方已不再是没有参与渠道、弱化表达欲望的低能动性形象。

从品牌传播的角度来看，传统手段大多包括广告、公共关系、服务销售等，也是一种以单向沟通为主的方式，信息的交换与营销行为本身是分离的。那么品牌传播与新媒体相结合，就获得了更为丰富的表现形式，文字语言与视听语言获得了空前的结合动力，超链接代替了以往的呆板模式，品牌的目标消费者以最大限度地获得相关信息，并迅速对产品的使用感受进行反馈。这种高互动性的新型传播—受众关系，一方面赋予了受众平等的传播关系，让受众有了自己的发声渠道；另一方面也帮助品牌进一步贴近目标受众，打造个性化需求。传统媒体时代以大众化为传播主题，仍是一定程度上受到技术限制的选择，而新媒体时代的技术革新已经为满足不同用户个性功能的细分化信息传播提供了技术基础，一对一的品牌形象塑造与传播成为可能。

## 三、新媒体传播伦理探析

在新媒体迅猛发展的当下，媒介伦理是容易被忽视的一环。所谓伦理，正是在社会交往中不断塑造的人的社会属性的衍生，离不开社会认知也离不开人们生活的实际变化。在新媒体高速发展的背景下，其传播活动中所涉及的伦理关系与传统的伦理关系有所不同。

在新媒体传播中,这种人与自身的"伦理"可以一定程度上界定为信息传播者与所传播的内容之间的关系。除此之外,人与社会的关系也不容忽视,新媒体传播主体与社会间的互动与现实生活、物质社会中的位置有所区别,更为强调平等性,人与人的互动、交流更加高效率、低成本、少拘束。跨越地域时空的跨界式沟通成为突破地区、族裔、国别的新挑战。但是这种新型传媒也容易滋长对个人、他人、社会不利的事情,新媒体时代的社会责任需要更加被明确、被承担,竭力形成人与社会的和谐互动。

### 四、受众需求转变下的传播理念更迭

受众的变化往往是社会、媒体变革的直接反映,受众的情感表达无论是正面的认可、热情,还是负面的质疑、厌恶,都与受众心理的变化密不可分。在大数据时代,网络技术、通信技术都发展到较高水平,足以支撑起媒体的自我革新,但另一方面也推动着受众的自我成长,媒体的成长往往需要追逐受众的思想变迁。自媒体时代的受众每时每刻都身处信息的漩涡中,同时自身又成为信息的制造者。在"互联网+"的号召下,新兴与传统也在走向融合,受众的需求看似得到了空前满足,但在实际传播中我们仍会发现大多受众对娱乐信息的广泛吸纳未必真的是主体意识的明确表现,单一的娱乐风格能走多远仍旧是未能明晰的问题。新媒体在带给广大受众话语权的同时,也需要在满足浅层需求的基础上再多走一步,促进受众去考量、挖掘自我成长的真实需求,以此形成良性的传播理念。

## 第四节　新媒体时代主持传播的新媒介素养

互联网的飞速发展,让人们熟悉的传媒生态变得陌生,大众传播模式被重新塑造。不管是普通公众还是传媒工作者,都在重新寻找自己的定位,用新的角度去认识媒体、理解媒体和利用媒体,主持人更是如此。播音学的泰斗张颂说,"(播音员、主持人)代表媒体,把撷英荟萃的信息、集体智慧的结晶、人类文明的精华、社会历史的画卷都准确、鲜明、生动地传播出去",在新媒体时代,要想实现这种传播效果,主持传播迫切需要新的媒介素养内涵。

### 一、新媒体时代的关系逻辑

新媒体(New media)的说法最早出现在1967年的美国,在20世纪70年代后开始流行,目前还没有准确的定义,学界对于相关概念的使用也处于变化之中。匡文波认为,"新媒体"是一个通俗的说法,也是一个相对于"昨天"的概念,但不是所有新出现的媒体都被称为新媒体。他把技术上的数字化和传播上的互动性(Interactive)视为新媒体的本质特征。

虽然"新媒体"和"旧媒体"的区别会随着传播技术的出现迎来革新,但今天我们所

讨论的"新媒体时代",一般理解为计算机技术、互联网技术、移动终端技术、人工智能技术等数字化信息传播技术诞生以来的历史时期。对于信息传播来说,除了技术上的进步外,它意味着语境的改变、话语权的重构和内容生产方式的革新,以及媒体与用户新的关系逻辑。

有学者提出了"新媒体即关系"的观点,认为信息转向"以关系为导向、对话式的全息传播模式"。陈力丹用社会学的"强关系—弱关系"框架对此进行了讨论,强调了"强关系"下的内容生产和"弱连接优势"下的渠道更新。综合来看,新媒体时代的关系生态中,大众传播越来越走向人际传播和群体传播,用户成为基本单元,不管是记者、编辑、主持人、播音员还是 UGC 的个人生产者,都必须适应互联网移动、社交、视觉的基本特征,并将传播建立在"人"的基础之上。

## 二、主持传播的新特征

### (一)主体走向多元

传统意义上,主持传播的主体一般指广播电视节目中的主持人和播音员等,对节目有串联、组织甚至驾驭的作用,利用人格化特征,调动视听语言,最终实现传播效果。

新媒体时代,互联网赋予了个体发声的权力。传统媒体的主持人需要经过资格证考试,持证上岗,而如今的网络自制节目则对此设限很少,演员、网络红人、素人包括动画形象都可以成为主持人。比如网络军事类节目《张召忠说》的主持人张召忠是海军少将,山东公共频道的主持人"西葫芦"是网络红人,哔哩哔哩网站(www.bilibili.com)"拜年祭"的主持人是被称为"2233 娘"的两位卡通少女。广义上看,主持传播主体从原来电台电视台的专业化,走向多样化、草根化、平民化乃至虚拟化。

### (二)内容生态和呈现形式发生变革

互联网技术以及其衍生载体,比如电脑、智能手机、平板电脑等,也促使新媒体时代的内容生态和呈现形式发生了根本性的变革。对于移动互联网的用户来说,时间段不再成为获取信息的障碍,更方便的屏幕和更割裂的时间造成传播内容的碎片化,损害人们的专注能力。某种意义上,电视节目的编排时间规定了社会的节奏,但如今这一惯性被打破,碎片化时间体现用户的意志,因此个性化和娱乐化的内容得到追捧。同样是聚焦博物馆和文物,抖音出品的短视频节目《第一届文物戏精大赛》,播放量和关注度远远超过央视出品的《国家宝藏》,而后者显然具备更深的文化底蕴。

一方面新技术推动了传统形式的革新,碎片化的时间催生了短视频的流行,手机屏幕的比例促使一批竖屏节目出现,AR 技术被引入传统媒体演播室。美国天气频道在播报佛罗伦萨飓风的新闻时,利用沉浸式 MR 技术营造"洪水围城"的效果,女主播也被"淹没"其中。还根据降雨量提高水位,直观显示其严重程度,以真实逼真的视觉效果提醒当地居民尽快撤离的必要性。另一方面,新技术的发展可能意味着下一个传播载体的流行,比如

VR 技术或许将催生新的主持传播节目形式。

### （三）新媒体渠道需要新的主持风格

Wed2.0 时代之后，用户已经成为传播活动的主角，在社会网络的节点上主动进行着内容的生产和传递。主持人能通过微博、微信、播客和网络直播平台等进行全方位传播，并且实时与受众进行互动，进行一系列相关的线上线下活动。2018 年 6 月，Quest Mobile 调查显示，中国人每天使用移动互联网高达 289.7 分钟，相比之下，歌华有线公布的数据显示，北京地区有线电视开机率为 52.7%，日观看时长 139 分钟，还不到前者的一半。传统主持传播依托的广电媒体面临渠道失灵的窘境，被迫进行转型。

原有的大众传播越来越离不开人际传播构建的基础，只有符合新媒体语境的内容才能得到更大规模的传播，更迅速地在信息网络上流动。在传统媒体播出的节目在新媒体渠道上被再加工和再传播。《朗读者》是央视的文化情感类节目，其主要节目架构包括主持人开场对嘉宾的介绍、与嘉宾进行访谈、嘉宾朗读文学作品，每集时长约 70 分钟。在央视播出的同时，也在其官方微博进行传播，但微博里不会出现完整的节目，而是选择将节目内容碎片化，提取并总结关键点后再上传。凝练的核心为用户节省了筛选的时间，使得传播更高效。

而带有互联网基因的节目则从一开始就深谙"用户为王"的道理，其主持人有意使用网络化的语言，更突出人际传播的特征。以爱奇艺的热门节目《奇葩说》为例，一直以大胆、活泼和"金句频出"的风格走红于网络。即便是播广告，也不同于传统媒体主持人的"规定动作"，而是随时随地的"花式"播广告，还成了网友热议的话题而受到欢迎。

### （四）离线受众成为主流

2018 年 8 月 20 日，CNNIC 发布的第 42 次《中国互联网络发展状况统计报告》显示：截至 6 月 30 日，我国网民规模达到 8.02 亿，互联网普及率为 57.7%。这意味着受众被扩大到前所未有的地步。在地区限制上，原先只能在某一地播出的节目，也开始向更大范围扩展，受众可以通过互联网进行观看。比如浙江六台的《1818 黄金眼》，原本是广受欢迎的地方民生节目，只为浙江观众所熟知，现在则成了全国关注的"网红节目"，在互联网上传播非常广泛。在时间限制上，不必再局限于节目的播出时间，也不再被广告所限制，而是可以在任何时段反复观看、碎片化观看、选择性观看。

因此，主持人面对的将不再是传统广播电视的受众，而是数量庞大分布广泛的网民，尤其是互联网的使用习惯，使离线的受众越来越成为主流。

## 三、主持人的新媒介素养

### （一）以人为本：深化主持传播的人格化特征

扎实基本功练习，降低传播损耗。播音主持是大众传播的一种方式，在新媒体时代，其人际传播特性加强,而传播能否到达,受众能否接收则是考验主持人合格与否的重要衡量标准。因此,基本功练习的重要性不可忽视。尤其是在新媒体时代,话筒等电子设备的普及会同时放大主持人语言表达的优缺点,若主持人的声音无法很好地被话筒等电子设备收录、语音条件存在较大缺陷,那么,传播的效率将会受到影响。

移动端竖屏需要更精细的副语言表达。从1895年《火车到站》标志着电影的真正诞生到电视走入家家户户,从IMAX巨屏电影到最早3.5英寸的iphone,从4∶3到16∶9,屏幕比例虽有变化,但视频始终以"横屏"进行呈现。但在近些年,移动端的屏幕成为主流,用户开始习惯竖式握持观看,同屏同向交互操作。"竖屏节目"也开始出现,比如腾讯的访谈节目《和陌生人说话》,用户的视野随之提升了3.16倍,更有利于突出"人"这一主体,也因此对主持人提出了新的要求。

从16∶9到9∶16,甚至9∶18,大比例地采用近景,使得主持人的副语言更容易引起受众注意。在《和陌生人说话》里,主持人陈晓楠真挚的眼神和随着受访者表述而产生的面部表情变化都体现着"以人为本"的关怀。与将周遭环境都囊括进来的横屏模式相比,竖屏主动地帮受众排除了干扰,在这种情况下,主持人的一举一动都被录入镜头,因此,也需要更精细地使用副语言,才能恰到好处地达到补充、替代、强调、否定、重复、调节言语信息的目的。

提升个性化表达,打造特色"人设"。新技术的发展和普及使得制作节目不再是传统媒体的"专利",而新媒体时代,"人人皆可当主持人"催生了许多自媒体节目,用户的需求也越来越多元化。在这种背景下,单一、固定的主持风格已经不能满足受众,主持人的个性得以不断彰显。2017年1月26日,央视主播朱广权在新闻节目《共同关注》里开了"段子式导语"的先河,在网络上迅速受到关注,被网友进行了各种形式的再创作。此后在2017年7月10日的新闻节目中,朱广权再次播出了"段子式导语",并在央视新闻的官方微博上发布,阅读量达到885万,而朱广权也被网友们称为"段子手",这个"人设"使得他与央视新闻频道其他主持人相比有了更明显的个人特色,"段子"也成了他个性化表达的渠道。

## (二)技术素养:适应和使用新技术

从大众传播时代到新媒体时代,"知识沟"和"信息沟"的现象发展为"数字鸿沟(Digital Divide)",体现的是"在数字化技术方面掌握和应用的差异",这种差异显著地体现在了媒介素养之上。由此可知,对新媒介技术的适应和使用是新媒介素养内涵的应有之义。

新技术让主持人拓展了节目主持的手段和样式,拥有了更多的互动空间、内容空间和路径空间,也具备更多的创新可能。俄罗斯世界杯期间,央视体育频道推出了多档特别节目,在《世界杯密码》中,主持人及嘉宾运用电视虚拟战术模板,专业解读世界杯战术及数据。对新技术的利用方面,网络主持人特别是草根主持人身上最为突出,他们常常要身兼拍摄、剪辑、写作、编辑甚至编程等技能于一身。

尤其是在大数据和人工智能蓬勃发展的今天，新闻生产的一些核心环节受到技术冲击，更需要主持人在进行报道时拥有相当多的数据和较高的技术素养，将人的特点和技术的优势结合起来，才能实现更好的主持传播效果。

### （三）传播力拓展：多元化的传播实践

新媒体环境下，节目主持人的传播活动得到了极大的扩展，不再局限于某特定的传媒机构，而是越来越倾向于打造自身品牌，建立全媒体传播矩阵。因此，有学者认为，研究主持传播，需要把节目主持人的其他传播实践都纳入考虑，包括在微博上发言、参加综艺节目、投身公益活动等节目外的行为。

为此，苏凡博提出了"主持人传播力"的概念，指节目主持人在各种传播资源的支撑下，在以节目支持传播为核心的多元化的传播实践中，达成预定的传播效果的能力。

这种对传播力的增加和发挥，也是主持人应该注重的新媒介素养。它依托于多元化的传播实践，需要主持人开阔视野，拓展能力，加深对新媒体信息传播的认知，充分利用新媒体的传播规律，整合组织新媒体资源，为节目、媒体和个人品牌带来新的发展空间。

## 第五节　新媒体冷热媒介对信息传播的影响

20世纪，麦克卢汉提出了"冷热媒介"的思想理论在传播界和传播学者们心中一直是最具争议的理论，他虽然提出了"冷热媒介"的思想但并没有给出明确的定义和解释以及如何具体划分冷媒介、热媒介。所以"冷热媒介"学说一直没有具体的概念，导致人们对这一理论并不看好，甚至怀疑其正确性。

本节依据麦克卢汉所提出的这一传播学理论并结合多种相关文献与当下新媒体时代信息传播具有"冷热媒介"特点的案例进行解析：冷媒介的优势：多种感官思考；交互；受众参与程度高；高度自由。劣势："传而不达"；参与者被动；引起舆论。热媒介的优势：直观理解；高清晰度。劣势：受众参与度低；排斥性。进而，分析其在新媒体时代信息利用二者特点进行传播的影响：选择符合自己的信息进行接收，这样才能在庞大的网络环境中接收到"有用的"信息；与自身所在的环境保持一致；信息在传播中的不平衡。综上分析，无论是具有冷媒介特点的信息传播还是具有热媒介特点的信息传播，都是对受众和社会的一种表达方式。冷热媒介是相对的，但不是绝对的，在不同的受众面前，冷媒介可以替换为热媒介，热媒介可以变为冷媒介。重要的是信息在传播时其内容应选择哪种类型媒介进行传播。

### 一、信息传播特点与媒体选择

新媒体是科学技术在现今快速发展的产物，它没有相对固定和确切的概念，在不同的信息环境下所代表的含义也不同。对当下而言,新媒体是在传统媒体的形式上(印刷媒体)加以改变和加以提升的一种新型媒体在各种手机、iPad 等移动设备与互联网技术的默契配合和高效融合下,使得信息传播到人们生活的各个方面,成为人们日常生活中的必需品并且它不仅具有明显的特色,同时以简单便捷的操作深受大众的喜爱,一定程度上也反映了大部分受众的需求。

## (一)信息传播特点

21 世纪以来,中国互联网的发展迅速,致使网络传播时代的到来,因为它能够将科学技术、文化和经济紧密地联系在一起,并且因为人们对其的依赖性使得互联网的出现得到飞速的发展,在发展的过程中进行一步步改进。其特点是:它可以促进公共事务的决策、民主法治的建设和社会的稳定;它也会影响有序的公共秩序,导致价值观与社会法律的不一致;它可以为人们带来生活中的便利,使麦克卢汉所提出的"地球村"理论得到印证。

通过互联网传播的网络信息具有快速性、果断性、突发性、传播性、广泛性和地域性的特点:快速性指某一条信息前一秒发出能够使成千上万的人在下一秒接收;果断性指信息传播的坚决不需要太多考虑和步骤;突发性指重要信息一经传播便能够让人们第一时间利用媒体接收到;传播性指信息传播平台发挥其特点能够让信息被接收的最大化;广泛性是信息利用互联网的特点使其传播的广而宽;地域性指信息的传播者能够因为地区不同所传播的信息内容也会随着所在地域人们的喜好而改变。这些特点的有效结合可以直接反映大部分受众的意见、情感和目的,同时也蕴含着巨大的反响。例如近期受到舆论最多且最受社会和人们关注的新闻:浙江卫视一档体能类综艺栏目致使台湾艺人突发心脏病死亡的信息,使浙江卫视站在了网络舆论的风口浪尖上,一时间人们对这一重大新闻提出了各种各样的看法。其特点是:它可以促进公共事务的决策、民主法治的建设和社会的稳定;它也会影响有序的公共秩序,导致价值观与社会法律不一致;它可以为人们带来生活中的便利,使麦克卢汉所提出的"地球村"理论得到印证。

## (二)冷热媒介的应用与选择

### 1. 何为冷热媒介

麦克卢汉是 20 世纪著名的传播学者。他提出了"媒介是信息""地球村""冷热媒体"和"媒介是人类的延伸"。其中的"冷热媒介"理论是最有争议的理论。麦克卢汉依据媒体的清晰度以及观众的接受程度,将媒体分为冷媒体和热媒体,但是对于如何划分冷媒体和热媒体却没有明确的定义。后来,人们推测并实践了他的这一理论叙述,并得出结论:冷媒体是指信息或物体通过媒体传递的信息很少且模糊的事实。理解时,他们需要调动各种感官的合作和丰富的想象力。

在《理解媒介》中,人们认为热媒介提供的信息量很大,观众不需要进行太多的思维转移,而冷媒介需要接受者转移自己来填补空白,往往伴随着深度介入。因此,热媒介是排斥性的,冷媒介是包容性的。只要能把人与外界联系起来的东西都能被称为媒介,冷热媒介的划分就需要从两种媒体可以相互等同的特点出发，并且随着时间、地点、空间等因素的变化而变化，冷与热的属性并不是一成不变的。同一媒介，时间、地点等因素不同，它的属性也是不同的。

2.冷热媒介的应用与选择

无论是冷热之间的结合，还是冷与热媒介的分开表现，其作用都是让受众更好地接收信息，让自身更好地传播信息。在信息传播的同时，能够选择对信息所带来的利益最大化的媒介并进行良好的应用是信息在传播时能否为受众所接受的最重要的考验。

## 二、选择冷媒介的优势与劣势

### （一）优势

通过选择和控制，接收者可以成为写作和视频创作的成员之一。这种新的形式将控制权分享给接收者，这不仅使接收者整合内容，从感官上参与内容，还使人和机器之间，人和人之间不再有那种明显的距离感。

### （二）劣势

《视觉传播中的技术理性批判》写道：冷媒体的高度参与是一种强制性的。观众被迫接受神经刺激，在参与冷媒体的意义建构中挖掘自己的感受。整个过程的主导力量在于媒体技术，而不是观众手中。在图像传输过程中，技术理性总是控制着你我的观点。所以冷媒介在传播时并不能够直观地让受众理解一条信息中的观点，正是这一特点，往往导致一件小事反而成为大事，这也是网络舆论产生的最大原因。

## 三、选择热媒介的优势与劣势

### （一）优势

与视觉媒体（尤其是电视）相比，广播使观众不需要更多的感官来接收，而只需要一种或两种感官来进行接收信息，使信息更能被直接接受，从这个角度来看，广播是"热的"。因为收音机提供的信息可以使观众获得所有的信息，而不像看电视那样只关注最吸引人的部分，收音机可以通过语言的特点（如声调停顿）突出关键点，揭示信息中的关键点，而印刷品和电视则需要观众自己理解关键点。

### （二）影响

我们正处在一个庞大的网络信息时代，每一天，我们都会从网络上接收到各种各样的信息，而由于网络本身便捷、快速、自由的特点，我们接收到的信息多数都是零散的、片面的，我们常常看不到一个事件的真实过程。但就是因为网络信息的片面性，导致部分网友对事件的错误认识，从而引发片面、激进的言论。所要表达的信息在内容上不够清晰的话，往往在得不到预期的传播效果时，还会加深受众对信息的反感度。

与热媒介的排斥性相比，麦克卢汉对冷媒介的包含没有给出太多的解释。然而，麦克卢汉认为，"在汽车问世之前，没有人需要汽车代步；除非电视的出现，否则没有人会对电视感兴趣。"技术可以产生一种迫使人们需要它们的冲动，这可以解释为什么人们在不需要看电视或听收音机的时候仍然有保持这种力量的冲动。"继续使用的冲动与公共节目'内容'和个人感官生活无关，这表明技术是人体的一部分"，他认为这种需求就像呼吸一样是顽固的。

无论是冷媒介的信息传播还是热媒介的信息传播，都是对受众和社会的一种表达方式，冷热媒介是相对的，但不是绝对的，在不同的受众面前，冷媒介可以替换为热媒介，热媒介可以变为冷媒介。重要的是信息在传播时其内容应选择哪种媒介进行传播。

## 第六节　新媒体时代下媒介融合对传播的影响

近些年来，"新媒体技术""媒介融合"等名词对我们而言并不陌生，我国目前在新媒体时代下的媒介融合发展过程中其实已经步入了深水区，随着技术的不断革新，新媒体时代下的媒介融合也发生了巨大的变化，本节将围绕新媒体时代下媒介融合对传播所产生的影响，即：对传播的内容、传播的形式以及对于传播从业人员要求这三方面进行论述。

对于新媒体的定义，有着很多不同的解释。但总结起来有两个重要的特性：一是传播的媒介由原来的渠道式的媒介变为了互联网式的媒介；二是传播者也由原来的相对少数的专业从业人员，变为互联网连接的所有人，呈现出所谓"人人皆为传播者"的景象。而对于媒介融合这一概念：提炼出的关键词无非就是"内容重组""资源整合"等，这需要传统媒体打破原有的局限和传统的思路，弥补新媒体自身存在的低质量、同质化等问题；而新媒体在融入过程中保持自身与生俱来的活力，为传统媒体注入新鲜的血液。在新媒体时代媒介融合过程中需要彼此间的包容，互相弥补，彼此磨合，从而才能实现价值的最大化传播效果。

### 一、对于传播内容的影响

#### （一）以用户为中心产出内容

在新媒体时代下媒介融合的发展进程中传播的内容更加注重以用户为中心，人们获取信息，不仅仅需要单纯地知道新近发生的事儿，更多的包括各种生活服务、就医、理财、教育等信息已成为人们的需求，这在一定程度上影响着媒介融合发展的方向。比如人们在使用不同软件过程中，大数据会根据用户平时的浏览、搜索记录来分析大数据，并根据用户平时的喜好及标签来进行输出。如今日头条、抖音等平台，以大数据算法向用户定向推送内容。这样的精准定位使得传播信息使得用户的需求得到了满足，同时交互性和自主性也得到了极大的提升。最终将传播价值实现相对最大化。

### （二）内容更具双向互动性

与传统媒体相比，新媒体拥有更多的能动力和权限。人们不再满足于一味单纯地被动接受信息，而是更加渴望在传播过程中拥有更多参与的能力，甚至是传播过程中的较高话语权。纵观近几年十分受欢迎的微博、新闻类 APP、微信以及抖音等新媒体，不仅仅是单纯地承载着传递信息的功能，更具备了双向沟通的特性。因此，我们不难发现，在新媒体时代媒介融合的过程中，传播内容更加具有双向互动性，这不仅使得传播更具价值性，同时媒体通过受众的反向互动更是接收到了来自终端的内容，从而为后期再进行传播内容生产提供了方向与借鉴。

### （三）正确传播方向的重要性日益凸显

新媒体时代媒介融合还需要彼此间不断的磨合，在这个过程中我们看到了新媒体与生俱来的强大影响力及新鲜的活力，但与传统媒体相比，确实缺少一定的权威性、公信力。新媒体特点以快速、及时、人人发声为特点，却存在着低质量、同质化的弊端。加之以用户为中心的传播方向，更容易出现传播方向有误或思想方向不正确的局面。因此，这个时候作坚持正确传播方向问题显得尤为重要。媒体可以积极产出用户需要的内容，但却并不意味着满足所有需求，例如一些过度娱乐化、低俗的内容。绝不是正确的传播方向，学会把握好原则问题，牢记坚持正确的传播方向，而非一味盲目迎合大众。

## 二、对于传播形式的影响

所谓技术决定形式，互联网信息技术的快速发展，新媒体技术的迭代更新，不断地推动着各个行业的变革，AI 智能及 5G 的时代的到来同样也为媒体传播生产释放了全新动力，对于传播的形式带来了空前的挑战，同时也意味着传播的形式更加多样化。

### （一）AI 智能和 5G 时代带来的改变

#### 1.AI 智能释放更多生产力

近几年来，AI 智能的发展对于各个领域产生了巨大的影响，极大地提高了生产效率。同样，对于传播领域依然具有重要的作用，比如从前期信息采集的写稿机器人，后期通过 AI 智能分析所形成的报道内容，再到真假难辨的 AI 主播，AI 智能完全可以根据用户的兴趣将数据快速搜集并进行大数据分析、智能场景分发，最终定制化推荐给用户。这样一套高效率、高精准的传播内容生产方式无疑为传播生产的原动力释放了更多的生产力。

#### 2.5G 带来新变革

以高速度、低功耗的 5G 对传播领域同样具有深远的影响，它为实时内容编辑以及高速传输奠定了技术基础。5G 高传输速度，不仅能够大大提高传播内容制作的效率，同时也让视频类传播内容呈现出大繁荣景象。

## （二）视频传播日益兴盛

4G 的普及带来了短视频的爆发和全民直播的风口，而 5G 时代的到来，更是为视频的强势传播效果提供了更为有力的支撑。5G 的商用元年逐渐开启，崭新的媒介样式和媒介变化层出不穷。而在新媒体媒介融合的过程当中，视频传播领域又会出现哪些新状态。

### 1. 短视频继续领跑

目前的短视频市场呈现出一片繁荣的景象，如头条旗下的短视频产品——抖音、西瓜视频、Vlog、火山小视频都一个个展现出骄人的成绩，除此之外，快手也拥有着高达 3.4 亿 MAU。众所周知，2019 年是 5G 的商用元年，移动的碎片化，低门槛以及得社交者得天下的独特优势，促使短视频将在未来继续发展。无论是从内容的采集还是到最终的传播都会依托于 5G 的强大力量继续领跑，并且逐步迈向正规化、产业化。

### 2. 长视频崭露头角

随着网速的不断提高，流量套餐更加低廉化，移动场景下的 60—300 秒长视频将在新媒体媒介融合过程中的地位不断攀升。相比于短视频的信息碎片化，长视频通过完整地讲述一个故事，沉着地展示完整的画面等方式来发挥短视频所没有的优势。长视频能够呈现出内容较为丰富且制作相对精良的特点，如果说把短视频比作"快餐"，那长视频可以算得上一道用心制作的"中国菜"，它不仅能够满足用户的饥饿感需求，同时其中的味道更是耐人寻味。换而言之，长视频相对于短视频而言能够增加受众用户黏性，带给用户更强的陪伴感。

### 3. 场景化直播蓄势待发

新媒体时代下的媒介融合更加注重用户的真实体验，比如近期大火的 VR、AR 等沉浸技术正在让大众感受到了前所未有的视觉和交互体验，在新媒体领域成为一枝独秀。人们不仅仅是能够获取信息，更要透过自己的感官去感知信息。场景化直播不仅对传播领域产生了重要影响，对于日常生活也带来了巨大的冲击，比如场景化直播购物、音乐会、电影、学习等等。这样的特殊技术，赋予了传播更特殊的含义。

## 三、对传播从业人员的影响

无论是哪个时代，人才一直以来都是内容生产的核心。而在新媒体时代媒介融合的过程中，毋庸置疑，人才的培养同样要摆在首位，特别是综合型人才的培养。只有保证了内容生产的高质量，才能适应快速变化的新媒体时代，以下将从对传播从业人员自身以及传播行业管理者两大方面提出一些建议思路。

### （一）提升自身专业度

我们目前已经进入了"全民传播"的时代，这样一方面促成了繁荣的传播景象，另一方面无疑对于整体的内容水平造成了影响。如何更好地分辨出高质量内容还是粗糙式的内容，对于传播领域专业从业人员来说，可以说间接地提出了新要求。

## （二）对于新兴平台技术的掌握

在现今的新媒体时代，由于大众对传播的内容及形式有了更高的要求，因此不仅要求传播者具备扎实的文字功底，更要对新媒体时代的各平台的特性有十足的了解。树立前瞻意识，提高自己对信息内容的整合，快速加工信息的能力，并且基于对不同平台特性的深入理解，实施精准投放从而产生相对最大价值化的传播，从而使媒介融合真正地实现突破性的发展。

## （三）"把关人"角色难度的增加

新媒体技术的迅猛发展，传播途径变得更加多样化，人人皆为发声者的"全民传播"时代，使得传播门槛更低，内容更加粗糙。因此，对于传播从业人员，不仅要做好内容的生产者，更要做好"把关者"的角色，将获取的信息凭借自身的理性分析与专业解读进行深度加工，然后通过有效且合理化的方式和渠道进行价值性传播，发挥新媒体时代下主流媒体应有的影响力和引导力。

新媒体媒介融合的背景时代下，层出不穷的新兴媒体不断地快速迭代，使得媒介的形态、传播的方式、传播的内容不得不随之发生巨大的改变。对于传播而言更是提出了新的挑战。因此，要求传播领域的从业人员，不仅要保持与时俱进的创新精神，以及对本行业甚至是其他行业敏锐的观察力和超强的学习能力，才能赋予传播更多的活力。而"融合"一词作为新媒体与传统媒体之间重要的缓冲带，在两者磨合间的过程中，更加需要包容性。最终，实现传播价值的最大化。新媒体时代媒介融合就是在不断变化的过程，它不会有完美的最终样式，而将会是持续的动态过程。

# 第六章 新媒体时代传播媒介的发展研究

## 第一节 新媒体时代地方戏曲媒介传播发展

戏曲是我国古代文化的缩影，对中华上下五千年的历史发展具有深远的影响。随着网络时代的到来，各种新媒体在戏曲传播过程中扮演着重要角色，戏曲文化的传播由传统的电视、报纸等媒介逐渐转向现代媒介传播方式。文章对新媒体环境下我国地方戏曲的媒介传播方式进行探讨，旨在借助新媒体促进我国戏曲艺术的可持续发展。

戏曲艺术是中华民族特有的"文化遗产"，对中华民族历史以及文化传承都具有重要的作用。戏曲也从原始的古代舞蹈，逐渐演变成大众的角抵戏、参军戏，然后发展成北杂剧与南戏等戏曲派系，再到近现代的各种地方戏曲。我国戏曲的传播内容不断发生变化，其传播形式也随着时代、地域文化等因素的变化而发生改变。当代，随着社会文化的推陈出新以及外来文化的冲击，我国戏曲文化的传播理念以及传播方式面临着巨大的挑战，部分地方戏曲以及处于失传的边缘。因此，在新媒体时代的背景下，怎样提高我国地方戏曲文化的传播效率，探寻我国地方戏曲媒介传播发展模式，成为戏曲文化传播亟须解决的问题。

### 一、地方戏曲传播的发展现状

20世纪90年代以来，我国戏曲行业的整体发展面临着危机。中国艺术研究院的资料表明，20世纪60年代初，全国各地剧中繁多，拥有记录在案的地方剧中多达300余种，但是从20世纪80年代开始，我国戏曲演出率大大下滑，有的剧种一年就演出一次，再加上外来文化以及科技手段的不断冲击，戏曲的生态环境遭到严重破坏。《中国戏曲年鉴》的资料显示，2000年全国有创新剧目和日常演出的剧团不超过130个。可见，戏曲艺术生产能力量能在逐年减弱。不少公办专业戏曲院团在激烈的市场经济条件下，已经不能正常地运作剧团的演出，国内部分剧种已经濒临失传。虽然我国政府下发了《关于实施中华优秀传统文化传承发展工程的意见》《我国飞文化物质遗产保护措施》等相关法案，但是真正落实到位仍然有难度。

从地方戏曲的传播现状来看，戏曲艺术形式的特殊性使其在传播过程中难于其他类型的文化传播。由于我国经济全球化、市场国际化、传播媒介电子化的发展，当下我国大众群体特别是年青一代接触戏曲的机会很少，戏曲本身缺乏有力度、有广度的普及宣传活动，人们自然也就难以对其产生兴趣。因此，在全球性文化产品盛行的今天，戏曲不得不面对大众群体疏远和冷落的压力。随着网络时代的到来，新媒介的崛起使得我国传统文化传播出现了新的契机，中国传统的戏曲文化也借助新媒体的发展转变传播方式，然而真正能够做到的却是少数。

## 二、新媒体时代地方戏曲媒介传播的发展模式

科技水平的不断提高，新媒体时代的到来，使得人们获取资讯的渠道更加快捷和方便。而我国传统戏曲文化的传播借助新媒体的传播优势，有效地优化了戏曲文化传播环境。新媒体是以网络科技水平实现信息的传递的媒介，种类也是多样化的。它在当下我国社会中基本可以分为互联网新媒体、手机新媒体和电视新媒体三大类。

### （一）手机新媒体传播模式

近年来，随着我国通信设备的更新换代，手机作为人们的通信手段，是人们与外界接触的主要渠道之一，加上我国通信网络的快速发展，手机报、手机电视、微信公众号的开通等都成为我国戏曲新媒体载体的代表，从而出现了以手机为传播载体的新型传播发展模式。

手机报是依托手机而订阅的一种类似于报纸形式的传播方式，是通过手机运营商平台发送给手机用户的一种电子报纸，是报业在新媒体中的延伸。手机电视同样如此，是实现电视与手机相结合的一种手机直播类型的传播方式。

微信公众号的开通，为戏曲在手机新媒体的传播做出了巨大的贡献。而这种传播方式打破了传统媒体书面形式的传播，用户可以采用微信平台中语音、视频、图片以及文字相结合的形式。这既冲击了用户的视觉效果，也使得我国戏曲文化能够更加形象地展示出来，让更多的人了解到戏曲。

### （二）电视新媒体传播模式

数字电视的运用提高了我国电视节目的质量，互联网电视增加了与受众的交互性，移动电视和户外新媒体的应用则是突破了时间和空间的限制，实现了信息传播智能化。而我国戏曲是优秀的传统文化，突出其传播模式的创新就主要体现在移动电视和户外新媒体的运用上。

移动电视普遍运用在交通工具上，用于减轻旅客的疲劳和无聊。在广告的投放上，移动电视相比较其他传播方式具有明显的优势，能够更加高效地传递我国戏曲文化中的精髓。

户外新媒体的传播主要体现在其运用范围的广泛性上。它可以用在公交、地铁、航空等人流比较集中的地方。它将新媒体的传播范围优势最大化，也实现了戏曲文化传播效率的最大化。

### (三)互联网新媒体传播模式

互联网新媒体传播模式是指运用网络技术实现信息传播的模式。其中比较有典型性的是网络电视、网络广播、网络报刊的运用。戏曲借助这种网络新媒体视频、图像、声音的传播,可以实现对戏曲资料的整合以及数字化的发展。这既保护了我国戏曲文化的传承,又赋予了戏曲文化在现代社会中的传播性质。人们可以在相关网站下载或在线观看。这大大提升了受众的体验度,方便了人们的欣赏。这类新型的传播模式能够实现双向传播,实现信息的多次传递。

## 三、新媒体时代地方戏曲媒介传播中存在的主要问题

### (一)消费性文化的冲击

在现代社会中,人们的消费理念已经随着时代的变化而根深蒂固,各种新奇、华丽、流行的感受对我国传统的戏曲文化造成了极大的冲击。在大众的选择和丰厚的商业利润冲击下,我国部分地方戏曲文化或者是戏曲元素被过度地娱乐化,逐渐走入了误区。

随着我国进入新媒体时代,各种媒介多元化发展。手机、电影、电脑等多种媒介的出现,使得人们对于消费能力的选择更加多样化,加上我国戏曲文化的特性,使得其在受众群体中的影响能力有限。而剩下的对我国戏曲有兴趣的群体也因为市场消费习惯的因素,被迫选择了能够迎合消费群体的娱乐方式。这也大大增加了我国戏曲文化在当代的传播难度,阻碍了我国地方戏曲文化传播模式的创新。

### (二)传播手段的单一

每一门艺术想要获得更好的生存空间,必须获得快捷迅速的传播途径。但是在我国当下的社会环境中,地方戏曲文化的传播手段仍然仅仅是依靠舞台演出、优秀剧目下乡展演等传播形式进行传播和推广。由于没有形成较为统一的传播体系,戏曲传播效果收获甚微,传播手段过于单一是新媒体时代下戏曲媒介传播的主要问题之一。

### (三)传授者的网络活跃度低

在我国文化传播的过程中,地方戏曲文化网络传播的活跃度不够,在网络中关于戏曲的资源非常少,使得戏曲文化的网络传播受到了阻力。我国网络戏曲文化传授者没有很好地运用新型媒介的传播优势,对于新媒介的使用能力尚需加强。

我国戏曲文化的传播是由传授者和受众共同完成的。传授者主要是指戏曲工作者,而受众则是指喜好戏曲文化的人。从我国实际情况来看,戏曲文化在网络环境中的活跃度不够,主要原因是我国从事戏曲文化演出的人员普遍为中老年人,他们使用新型媒介的能力较弱,对于微博、微信等大众交流工具的使用心有余而力不足。

## 四、新媒体时代地方戏曲媒介传播的发展策略

### （一）开发线上线下戏曲文化品牌建设

从我国地方戏曲的传播对象来看，我国地方戏曲仍然存在较大需求，只是由于我国当下地方戏曲文化传播渠道的缺乏，地方戏曲媒介传播受到了阻碍。因此，应当建设戏曲文化品牌，塑造其文化品牌形象，使其走进更多的受众视野，吸引更多的年轻观众。

以湘剧为例，湖南省政府部门专门打造了一个湘剧演出项目，政府每年补贴费用，对参加公益演出的院团进行津贴补助。这既解决了院团缺乏演出运营经费的尴尬，又强化了湖南地区戏曲文化氛围。在电视栏目项目以及网络门户网站方面，都建立专门的部分进行维护以及活动的宣传，充分利用在热门栏目《天天向上》《新闻当事人》《快乐大本营》中加入湘剧元素的方式，形成湘剧电视品牌形象，进一步推动了湘剧的传承和发展。

### （二）搭建专业的戏曲网络平台

我国人民获取信息主要通过电视、网络等工具。对于喜爱戏曲文化的受众群体而言，戏曲剧场的减少大大影响了人们对于戏曲文化的传播。因此，运用当下新媒体的技术，在网络平台上专门搭建一些虚拟的演出剧场和门户网站，将录制好的演出传播出去，大大增加人们的体验感觉，从而获取人们的好感，有利于戏曲文化品牌形象的建设，也能够有效地刺激人们的视觉效果，符合当下新媒体传播中人们对于新事物的猎奇心理，有助于传播模式的完善。

### （三）网络新媒体的充分利用

为了提升我国当前地方戏曲文化在网络中的活跃度，要充分利用网络新媒体。这需要改变我国戏曲演出的整体阵容，充分注入新鲜血液，使我国戏曲文化能够传承下去。新鲜血液的加入将有效地改善我国戏曲院团运用新媒体的氛围，完善传播者创新戏曲的理念。

戏曲音乐剧《长河》的编排将中国的戏曲元素与西方的音乐剧相结合，创作出意味深长、深刻感人的佳作。浙江京剧剧团创作的《王者俄狄》，用中国写意的美学创作出另一番韵味的希腊悲剧表达。我们要在充分了解受众喜好的基础上，实现与受众群体的互动。在新媒体时代，受众与表演者的沟通、反馈都是即时的。这种即时性最大限度地满足了观众对戏曲的审美期待，有效地激发了受众群体传播的积极性。

# 第二节　新传播生态下政务新媒体融合力的媒介

在当前信息技术快速发展的时代背景下，传统媒体与现代新媒体相互融合，涵盖了新传播生态，提升了传播力及融合力，其中，最主要的媒介因素有传播主体、技术、受众及

内容。

## 一、新传播生态下的政务新媒体影响因素分析

### （一）传播主体

在构建政务新媒体信息传播融合力实践中，政府是传播主体中最具影响力的核心要素。在政务新媒体融合以及传播过程中，政府及部门是主体，其作为传播的起始点，对传播效果起着非常重要的作用。第一，政府是传播主体，其传播姿态决定着新媒体的传播效果。比如，通知姿态无法让政务新媒体产生吸引力，亲民风格以及服务型政务新媒体吸引力更强。第二，就把关人理论而言，传播理念决定着信息可由政务新媒体途径流向公众，比如突发性事件中政府及主管部门的传播理念决定着信息出现在新媒体上的形式，同时决定着广大受众对政务信息的感兴趣程度。第三，传播主体的权威性以及公信力，通过影响广大受众对信息接收度影响新传播生态下的传播效果。广大受众对信息接收度不仅受其价值影响，同时还受主体权威性以及公信力等因素的影响。然而，在实际传播过程中，通常因传播主体不均衡，所以对政务新媒体的融合力产生影响。

### （二）传播技术

近年来，随着互联网以及现代技术水平的不断提升，自媒体技术应用非常普遍，云计算以及大数据和人工智能等先进技术广泛应用，并且逐渐进入政务媒介传播系统，成为媒介融合的驱动力。各级政府以及主管部门更加注重政务新媒体之间的协同建设，其中包括门户网站以及政务微博和微信、APP 等。基于新媒体传播技术的应用，政府采用新兴的各种信息技术手段面临着严峻的挑战。实践中可以看到，虽然部分政府部门和机构采用了社交媒体信息传播途径和政务服务模式，但是，并未完全体现出在此过程中政府部门的能力以及愿望。从实践来看，政府以及官员在新媒体应用过程中存在躲避畏难情绪现象，比如，对微博以及微信等新媒体形式的传播方式并不了解，难以有效应用新媒体手段，唯恐说错话；对新媒体缺乏认知，加之自身定位不准确，存在着躲避心态。在传播途径选择过程中，仍然比较依赖于传统的媒体途径，政务新媒体的影响力以及传播力没有得到有效发挥。

新媒体技术的快速发展，在对媒介环境产生一定的影响，同时也提升了媒介沟通的意义和价值。在新传播生态下，政务新媒体扩大了政府与人民的沟通渠道，逐渐成为政府与人民群众之间的联系桥梁，并且成为广大人民群众对政府及有关部门反映问题和建言献策的减压阀。

### （三）传播受众

长期以来，民众言论渠道欠畅达。在该种现实情况下，政务微博、微信等评论功能为民众提供了表达个人政治意愿以及参与政治的媒介平台。通过该种方式，政府及有关部门能够及时获得反馈，并且与广大民众交流互动，广泛倾听民意以及了解民生，能够对其进

行更好地引导。基于满足广大民众心理诉求的视角来看，政务新媒体具有较强感知性以及利用性，一方面，基层民众的消极情绪有途径可以宣泄；另一方面，还能够映射出社会发展中的各种隐性问题，对于促进政府疏导以及规避小事扩大化现象，具有非常重要的作用。基于多元化表达的媒介空间内，多种交流习惯以及信息传播圈，均为志趣以及爱好相似或者一致的人，朋友圈容易出现一致的观点，但不同朋友圈内的人员又缺乏相互沟通交流，特别是利益冲突时很可能会出现传播障碍问题，并且产生群体极化现象。近年来，随着新媒体形式的广泛普及和出现，传播受众已经习惯于特有的平等感以及交流性；当政府在公众号以及官方微博和各客户端上信息发布时，点赞、评论等反馈成为一种常态，若此时政府及相关部门及时扭转高高在上的身份和陈旧观念，并且对民众反馈做出回应，则会使民众获得存在感，使得民众将该种存在感有效转化成对政务新媒体的支持与关注。

### （四）传播内容

传播生态以内容为中心，优质内容是与用户关系维系的基础，"内容为王"是媒体中最为重要的一个词语，尤其对传统媒体更为重要。正如拉斯韦尔的线性传播理论，其将信息传播过程分为五个环节，即谁（who）、说什么（what）、通过什么渠道（in which channel）、对谁说（to whom）、取得什么效果（with what effect）。政务新媒体中若套用这一理论，则除 IN WHICH CHANNEL 有变化之外，其余相关环节没有发生变化。基于此，实践中即便利用新媒体技术以及各种渠道进行政务信息传播，依然应当注重"内容"的重要性。白岩松作为资深媒体人，曾说："无论形式如何改变，内容总是为王；如果内容不扎实，新媒体无异于死媒体。"由此可见，传统媒体与新媒体时代一样，内容是制胜的法宝。实践中，即便出现了较为重要的信息，若其编排或者呈现方式不佳，也会丧失其价值和意义；反之，即便是次要信息，如果编排及呈现方式更适宜阅读，也会吸引更多的受众。从这一层面来看，当政府及主管部门通过新媒体渠道传递信息时，选择何种类型的内容呈现形式是关键。为此，在长期信息传播过程中，其内容的呈现应当更有温度，而且政务新媒体也应当不断促进媒体人格的建立，加速服务型政府的建设。

总体而言，好的内容是政府政务新媒融合传播力得以实现的主要影响因素，其中包括以下三个方面的内容。第一，满足公众诉求，使他们能够把握公众生活生产相关的信息内容。政务新媒体传播力实际上就是生产力，其将信息生产视为指标，即表明信息数据自身对政务新媒体融合传播的价值和重要性。作为政务信息数据的主要源头，在信息传播过程中政府具有权威性优势，有利于党、政声音的传播以及政策法规的正确解读，对于提高信息以及公众同向解读效果和提高政府话语权具有关键性的作用。第二，体现政府传播主体相关的内容。实践中体现政府责任的相关内容比较多，公众较为关注的是批评监督类内容，比如曝光贪污腐败、举报查处以及欺压百姓的官员和地方黑恶势力的信息。第三，优质内容以多媒体形式呈现出来。政务新媒体传播过程中应当严格遵循新媒体规律。碎片化、浸入式以及轻阅读和多屏伴随等传播方式，均可在政务新媒体中利用。

## 二、基于新传播生态的政府政务新媒体融合问题分析

### （一）整体规划设计有待优化改进

政务新媒体之间的信息互动交流前提是政务新媒体的具体运营管理，然而，在政务新媒体运营实践中因存在管理不善现象而导致传统媒体发展受阻。近年来，政务新媒体类型和内容不断丰富，政府政务功能不断完善，这对政府政务新媒体系统的建设与完善管理工作带来了压力。就现阶段的具体情况来看，政务新媒体在实际运营过程中亟须对相关信息进行有效的加工、处理和提供应用服务，以此充分发挥政府政务新媒体的作用，不断提高广大公众主动参与的热情和积极性。

### （二）信息资源互通性差

目前，虽然新传播政务得以广泛开展，但是，各层级和部门政务开展过程中尚未实现信息的共建共享，以致政务新媒体政务工作开通以及运营成本增大。政务微博、微信等新媒体的开通成本相对较低，然而，开通后需要投入人力物力用于运维管理。在实践中，若政务新媒体资源共享不及时，则会导致后期的政务工作开展出现问题，政府管理以及运维成本也随之提高。特别是客户端开发过程中需有技术人员配备，政务新媒体的开发成本相对较高的原因主要是工作人员尚无技术独立开发能力，必须委托第三方对政务开发以及维护。同时，政务新媒体主体资源相对比较分散，以致政务新媒体间无法实现有效的信息共建共享。

### （三）运营管理工作落实不到位

政务新媒体属于新型的传播途径，其主要是与全媒体结合起来形成的一种新媒体形式。政务处理具有积极的意义，有利于大幅度提升政务水平。然而，在当前政务新媒体发展实践中，没有有效发挥集群联动优势，而且政务新媒体构建没有跟上时代步伐。现阶段，国内政务发展新目标已经确定，政务工作也在不断更新。在实践中，为了有效适应时代要求，也应当不断地健全和规范政府政务流程以及组织保障等机制。然而，新形势下，对政务新媒体进行系统性规划建设，实现政务新媒体的真正融合任重道远。

### （四）政务新媒体整体发展水平有待提升

就目前来看，主要的问题在于技术水平相对较低，规划建设不充分等。政府政务新媒体系统的构建目标，主要是为了有效促进政务工作的全面建设和发展，并在此基础上不断提高政务体系建设以及管理水平，以此促进新媒体的健康发展。然而，现阶段，国内为数不少的地区政府政务新媒体工作相对比较混乱，而且存在着严重的重复性建设现象。从某种意义上来讲，政务新媒体的建设很大程度上决定了政府政务服务的整体质量和效率。然而，从目前部分地区政务新媒体建设与发展情况来看，其技术水平参差不齐、建设不科学、不充分，这对国内政务新媒体的建设及其未来发展产生了不利的影响。

## 三、加强政务新媒体融合的有效策略

### （一）对政府政务新媒体进行整体规划设计

在政务新媒体规划建设过程中，要遵循基本要求，这主要是因为政务新媒体建设过程中存在着较多复杂情况以及影响信息传播的因素。基于此，新传播生态下对媒体融合力的提升过程中应当全面布局政务新媒体，详细分析政务标准化建设，规范化管控政务新媒体。另外，政府部门还应当注意客户端的开发，对政务新媒体进行创新发展，以此有效发挥政府政务新媒体集群化效应。

### （二）强化信息资源的互动沟通

在政府政务信息互动以及沟通过程中，应当注意主体资源的构建，这有利于政务新媒体间的互动交流，并在此基础上建立系统化的核心平台。在信息资源互动以及沟通过程中，应当不断创新政务新媒体运行和推广形式，并且在政务中心积极引导公众进行信息资料的下载以及关注新媒体产品，强化宣传，比如二维码以及网页链接。需要一提的是，不同地区、各政务部门之间应当加强沟通交流，对政务信息技术及时优化升级，强化信息资源的互动利用，以此实现信息的及时传播、共享，提高信息传播及宣传力度。

### （三）加强政务新媒体实际运营管理

政务新媒体运营管理工作，对政府政务工作的开展起着非常重要的作用，实践中可以起到有效的用户群体防流失、发挥新媒体功能价值之作用。具体而言，在政务新媒体的实际运营以及管理工作中需从管理人才、管理方法等方面入手。就政务新媒体管理人才而言，应当不断提升政府政务管理职能，对政务管理人员加强监管。实践中应当不断加大对政务新媒体工作人员的业务培训，对政务新媒体专业知识以及技能加强教育，以此提升政府政务新媒体建设及其运营管理水平。在此过程中，应当依托于现有的知识和技术，加强团队建设，对新闻信息加强采编，并且对技术及时进行维护，以此实现对政务新媒体从业人员的专项管理。值得一提的是，实践中还应当并建立一支高素质、高业务技能的政务新媒体人才团队。就管理方法而言，应当根据当前政务新媒体情况综合分析，并且对政务发展过程细化管理，对该地区的政务新媒体进行统一管理。通过该种模式有效实现对政府政务信息数据的采集以及编辑和审核环节的严格管控，以免信息发布出现失真现象。

### （四）提升政府政务新媒体数字化建设水平

从某种意义上来讲，政务信息化以及数字化建设水平直接决定着政府政务新媒体建设及其发展水平，实践中应当对政务新媒体采取全面化建设和管理措施。在政务信息化建设整体水平得以提升的背景下采取先进的技术手段和措施，以此有效促进政务新媒体的快速发展，并且适应当前的发展目标，有效满足政务建设与发展需求，并且提升对公共事件的关注度以及参与度。具体而言，实践中应当不断提升政务整体服务以及管理水平，尽可能缩短公众与政务新媒体之间的距离，并且减少对管理者的不利影响。同时，对政务新媒体的建设需求进行科学处理，全面提升公众关注度，以此增加公众在政府公共服务中的参与度。基于当前新传播生态，应当不断推出多种优质的政务产品，以此助力政府政务新媒体科学建设及其相关内容的有效传播。在该种情况下，政务新媒体应当结合实际情况，举办多种形式的直播活动或者拍摄短视频，以此鼓励公众积极参与政府政务传播，并在此基础上建立传播矩阵和发挥其效应。需要注意的是，实践中应当依托于融媒体建设经验以及成熟建设，积极打造专属于政府政务新媒体融合的矩阵。同时，政府也应当充分发挥其积极的引导作用，并且采用智能化以及移动化技术手段，广泛聚焦政务信息公开化以及政务建设和发展的可控化，从而使广大人民群众能够体验获得感。

综上所述，在新媒体时代下，新传播生态涵盖了很多的内容，全面提升政府政务新媒体建设及其融合力至关重要，应当与广大民众积极互动，加强沟通交流，为公众提供行政服务，这是保持政务新媒体活力的主要因素。实践中，若政务新媒体能够顺应受众习惯，并且积极利用政务新媒体有效开展各项电子政务工作，从而使更多的人能够在足不出户的情况下即可"跑"完行政大厅各个窗口，不仅能够节约人力物力，而且大大提高了效率，同时也增强了人民群众对行政部门的黏着力和信任感。

## 第三节 新媒体语境下传统文化的跨媒介叙事与传播

传统文化是一个国家和民族得以绵延发展的基因血脉，任何文化的断裂都会使这个民族陷入沉痛的文化失落之中。作为文明古国，中国五千年来之所以屹立不倒，优秀的传统文化是不可忽视的重要力量，而随着近年来我国经济社会的快速发展，推动文化产业发展，既是中国经济实现平稳转型的客观需求，也是近 14 亿中国人继承和发展中国传统文化的主观渴望。如何发展新兴文化产业，使优秀传统文化焕发生机，是时代赋予我们的命题。对此，中共中央、国务院给出的明确答案是：要"大力推进文化产业升级。用先进科学技术促进文化产业发展，积极采用数字、网络等高新技术和现代生产方式，改造传统的文化制作、生产和传播模式，延伸文化产业链"。从上述表述中可以看出，基于文化产业升级的思路已基本确定，那就是通过新媒体的平台，改造传统文化的制作与生产流程，优化传播方式，打造一个具有时代特色、以新媒体技术为发展动力的传统文化传播引擎。

之所以选择新媒体，是因为其特有的传播技术和传播方式。"我们塑造了工具，此后工具又塑造了我们"。作为人体器官延伸的技术本身具有人性化特征，是人体客观机能的补偿性发展，是人的文化世界观的技术呈现和表达，新兴媒体正是这样一种技术，是人类文化活动的外在延伸与拓展。事实上，媒介形态发展的历史一再表明，大众媒介是文化传播的最优渠道，是传统文化聚散与传播的核心。根据文化形态的构成，一种文化从生成到经过检测与质疑，最后到获得认同并得以传播这样一个过程来看，大众媒介出现之前，普通的文化传播范围无疑是有限的，局促于部分统治阶级为中心的少数人打造的小圈子里，传播也是持久而缓慢的，如中国的书法、国画艺术等。大众媒介出现后，承担起普及与传播的责任，不但缩短了文化传播周期，也迅速增加了传播范围。虽然，相比于前大众传播时代的文化传播有了相当长足的进步，但是传统大众媒介文化传播仍然是单向度和中心化的。参与文化传播的是极少数主流媒体，受众仍然处在从属的、被动接受的地位。

新媒体的出现改变了大众传播的既有范式，为优秀传统文化传播带来了新的机遇。当然，作为有着特殊文化品格的优秀传统文化，如何在新媒体环境中更好地呈现，是摆在我们面前一个有待解决的难题。

## 一、传统文化模因的传播与现实困境

文化发展总是伴生于传播技术，在大众媒介出现以前，文化发展与传播呈现出迟滞的、缓慢的状态：参与传播的人数有限，人作为传播媒体而存在，这种人际传播的方式形成了相当长一段时间内的文化传播常态。受到自然力的阻隔和影响，传统文化形态往往是分割的，彼此互斥的，局限在一个很小的社会关系圈层中，缺少与外来文化的碰撞与交流，甚至处在相对停滞的状态，这是中国乡土文化传播范式的存留，也是传统文化赖以长期稳定传承的生态环境。当然，相对封闭的文化传播能够保持文化的原生态质料和稳定性，使之在相对安静的固态环境中流传，不过封闭的环境在拒绝了外来文化融合发展机会的同时，必然也错过了文化外溢和扩张的动力。

### （一）传统文化模因的传播

与西方现代文化不同，在特定社会环境和背景下，中国传统文化气质有着明显植物性文化的特质———静和群体性。经过数千年的不断强化与群体塑造，这种静和群体性特质日益稳定而富有弹性。由内在文化气质支撑的外在的传统文化符号的表达丰富了文化传播形态，也使得中华传统文化形成了较高黏着度和文化传播张力。

用"传播"对文化现象加以研究，由此形成动态语义下的文化现象研究，这一做法源于泰勒的《原始文化》，文化传播的概念也由此确立。此后，对于传统文化传播的研究出现了动态的延伸与扩展，并逐渐形成了"模因论"的学术观念。1976年，英国学者理查德·道金斯(Richard Dawkins)提出了"模因说"。他认为，模因(meme)作为"文化传播单位"，在人类文化传递中的作用有如基因在生物遗传中的作用。在模因概念基础上提出的模因论(Memetics)，则试图从历时和共时的角度对事物之间的普遍关系及其文化所具有的传承性这一本质特征的进化规律加以诠释。对于文化传播而言，就是要通过非遗传的方式把特定的模因，通过人与人之间的"传染"而广泛传播，由此达到扩散的目的。显然，模因论带有达尔文进化论的语境，强调文化"稳定者生存"(survial of the stable)。正是因为稳定性的存在，中华优秀传统文化经历无数次的优胜劣汰传承至今，最终成为强势模因而屹立于世界文明之林。

## （二）传统文化传播的现实困境

传统文化模因始终处在发展与运动之中，在历时性演进过程中，吸取时代技术营养获得长足的发展动力，是强势模因的特点，中华优秀传统也必然秉持这样的基因特征。然而，任何文化模因都不可能毫无阻力地适应社会生态环境，传统文化模因的传播在当代社会也必然面临诸多挑战。在当前社会发展态势下，在新兴媒体成为传播主流载体的语境下，如何厘清中国传统文化发展脉络并建构起符合时代发展要求的传统文化传播形态，首先就要弄清中国传统文化在当下所面临的实际困境。

困境之一：传统文化的思维方式封闭单一，这与新媒体环境显著不同。传统文化中保留着神秘、模糊以及直觉体悟式的思维方式，这种思维方式更适合相对封闭的小环境传播，究其原因，传统文化归根到底还是起源于农耕社会，自然村落是其传播发展的最佳土壤。很显然，相对简单的文化环境与开放性、信息多元交叉且传输速度极快的新媒体生态环境相差甚远。在现实条件下，原封不动地把传统文化移接到新媒体生态环境中，并不能发挥新媒体包容一切媒介的强大文本与声像聚合优势，仍然仅限于单向维度的传播，没有实现超文本和跨时空传播的功能。这与传统文化长期积存的生存特质有关，也与现实语境下缺少必要的新媒体思维对传统文化形态进行重新建构，以获取传统文化新兴媒体传播质料相关准备的缺失有关。

困境之二：多元化文化的侵袭影响到传统文化的传播环境。如今我们的社会正处于一个来自不同文化相互冲撞与融合的动态发展阶段，社会开放性系统的不断扩展无疑加快了这一进程。在素以自由、平等和博爱著称的西方文化语境中，中国的优秀传统文化话语权是受到抑制的，不论是国外还是国内，一波一波的西方文化浪潮涤荡而来，在近一百年的中国大地上留下的印痕愈加清晰。肯德基快餐食品文化之于中国的传统菜系文化；情人节、圣诞节文化之于中国的中秋与春节文化；西方逻辑思维之于表象上的经世国学。这种影响是持续的，对于青年一代影响之大不容小觑。与此同时，中国传统文化所呈现的静和群体性，与当前新媒体强调的个性化也存在着显著的分歧。可以说，新媒体以独特的技术支撑迅速渗入千家万户的日常生活中，成为现阶段一种文化方式，由此形成的对于人们价值观、伦理观的影响已经形成，这必然影响到传统文化的续存与发扬。

## 二、在新媒体语境下传统文化的跨媒介叙事特征

新媒体建构的是一种视觉与声觉空间并存的生态环境，新兴的交互式场景表达是新媒体传播的重要手段，而中国传统文化复兴也适逢其时，因此新兴媒体在渠道和形式上为传统文化复兴提供了难得的机遇。可以这样说，以新媒体技术为特征的当下，中国传统文化发展处在一个重要的断裂点上：适应时代要求则生机盎然，有违时代发展则自生自灭。

### （一）叙事主体的多元化调整

新媒体语境下的叙事主体是丰富而多元的，传统文化模因则限制着它的传播渠道。新

媒体技术在设置了传统文化传播障碍的同时，也赋予其新的时代特征。新媒体赋予传统文化最显著的特征是叙事主体的多元与泛化，这与视觉传播的内在要求相一致。叙事主体的泛化意味着传统文化传播的范式被打破，叙事主体从一元的信源辐射，泛化为在新媒体语境下无处不在的多层级叙事主体呈现。曾经稳定的、极少掺杂噪声的传统文化模因传播因叙事主体的泛化而泛化，叙事主体也从具有仪式化的印刷文化主体泛化为新媒体环境中普遍的用户存在。以新媒体时代的微信为例，微信作为广泛使用的新媒体平台，对视频、图片、动漫等信息能够在瞬间完成"传染"式复制与传播，一场国画展览、若干名胜古迹都能以共在的方式传递到"朋友圈"共享，文化模因从时间与空间两个维度同时溢出，形成传播效果高效、省时且广泛的传播范式，叙事主体则弱化甚至于以匿名的方式潜存于传播活动中。

### （二）叙事方式的交互式转换

传统文化传播的叙事方式主要分为波式传播和根式传播，从共时性的横向传播来看，是由主体组织建构起一层层向外传播的方式；从历时性的根式传播来看，又是一种垂直层级的传播过程。费孝通带有中国风格的"差序格局"的社会学理论，就是从中国传统文化结构入手对人际社会关系及其传播动力结构的归纳总结。差序格局理论表明，传统文化模因的传播仰赖于核心组织传播者。新媒体技术的发展，使媒介形态和文化传播都发生了根本性改变。传播方式不再受限于横向、纵向和线性，而是交互的、非线性的关系作用。以视觉传播为例，视觉传播强调的是视觉中心的确立和语义的清晰表达，传统文化虽然能够确立具有强势模因的视觉中心，在语义结构上却呈现出模糊的甚至是歧义的表达，新媒体技术的交互作用很大程度上弥合了这种不确定性，通过传播、表达、修改、认同、记忆过程，为传统文化模因的时代化发展提供了开放的空间和可能。

### （三）叙事符号的全觉式呈现

相对于传统的文化表现手法，新兴媒体的表现手法无疑是多元、丰富而立体的。以往的视觉传播，如中国的书法、绘画，表达方式是平面、静态化的，缺少交互性和动态性，因此调动新媒体语言符号，对传统文化重新编织剪裁，是达到单一媒体形态升级的途径，媒体语汇的丰富也提升了传统文化的自身品位。

如果说丰富指代的是新兴媒体符号表达的多元化，那么多向度的立体交互则使受众从被接受转变为主动提取成为可能。立体强调的是多个维度的呈现，是全方位的可交互的一种作用过程。麦克卢汉对媒介二分后认为，媒介包括冷媒介和热媒介，并根据媒介清晰度高低加以区分。麦克卢汉认为，低清晰度的媒介是冷媒介，高清晰度的媒介是热媒介。相比于西方油画，中国国画无疑是冷媒介。建构立体的传统文化形态，但不是关注语义清晰准确的热媒介表达，而是建构给予适当语义关照的交互性冷媒介空间。比如2003年，上海大学美术学院在"艺术与科学研讨会"上展出了一幅新媒体作品，题目叫作"吹皱一江春水"，画作中一幅中国山水画水墨氤氲，现场参观者只要向设备吹气，画面中就立刻泛起一阵涟漪，而且随着吹气时间的长短，气流强弱也会产生不同的效果。从符号的清晰度建构来看，这种绘画作品比传统静态的画幅无疑更加清晰，而从交互的视角来看，观众不仅仅可以观看，也可以亲身参与，甚至通过自己的参与影响画幅内容的变化，因此不能不说这种丰富立体表达方式具有冷媒介的性质。

## 三、传统文化跨媒介传播途径

打造新媒体形态下的传统文化形态，不仅仅要呈现传统文化模因的多元形态，更应该以此为立足点，提升传统文化对于现代社会的影响和价值判断。文化专家顾晓鸣提出"传统文化就像古莲子，古莲子在现代经过一定的条件培育也能发芽，传统文化在现代条件下也可以有新的生长"。这种新的生长不仅仅是形态上的，更是直指内涵发展。古莲子的"出淤泥而不染"就是文化模因内在行为的一种表现。

### （一）建构起跨媒介叙事的新传统文化形态

跨媒介叙事是媒介融合的内容生产方式，也是全新的文化运营手段。从叙事方式来看，新媒体技术能够重新建构传统文化的叙事方式，跨越既有的叙事媒介形态，形成符合新媒体技术生产的内容创作方式，从而建构起丰富而无边际的传统文化故事世界。对于这种包容性的融合实践，可以定义为"跨媒介叙事"，其主要指称一种综合运用多种媒介讲述故事的全新叙事技巧。在产业经营实践上，就是由图书出版、动漫、电影、戏剧和游戏等视觉主导的文化产业共同打造故事文本，为受众提供丰富的内容体验、参与互动与多重消费。跨媒介叙事的兴起改变了传统文化的产业生态，视觉传播也成为传统文化模因最重要的跨媒介叙事手段。建构跨媒介叙事平台，就是要抓住新媒体时代的主要叙事特征，通过新兴媒体的立体式呈现与表达，满足传统文化模因传播以精神和情感为纽带的特定语境的形成。根据传统文化在新媒体语境中的表现和传播模式。

新传统文化形态建构过程中，处在中轴线位置的依次是传统文化模因、互联网等新媒体、融合媒介和新传统文化形态等要素，其中，融合媒介处在结构的关键位置，其与传统文化模因、互联网新媒体、新传统文化形态的关系作用决定了跨媒介叙事的形成。视觉表达与视觉思维通过媒介关系适配、个体价值迁移也共同促成跨媒介叙事的最终效果。传统文化模因始终在发挥作用，可以说新媒体技术为新传统文化形态建构提供了充分的技术动力，传统文化模因则仍旧发挥着本体性支配作用。而融合媒介的产业化运营最终推动了新传统文化形态，即有别于原生态的传统文化二次元形态的生成。

### （二）推动跨媒介叙事的移动新媒体场景入口建设

跨媒介叙事是在互联网平台上完成的，其演进过程从传统媒体的接力到语义合奏，更是离不开新媒体环境。然而，真正释放传统文化模因影响力的，还是受众能够自由进入并完成交互对接的移动新媒体场景这一现实技术支撑作用。因此，要实现跨媒介叙事传播，必然要加大移动新媒体场景入口的建设。

移动传播的本质是基于场景的服务，即对场景(情境)的感知及信息(服务)适配。与此同时，中华传统文化模因受到特定语境的限制，往往寄寓于特定的场景，如戏曲、茶艺、饮食等，这些场景相对封闭，传播效果必然大打折扣。在移动新媒体视域下，无论是在内容媒体、关系媒体还是在服务媒体中，"场景"都将成为一个新的核心要素而存在。传统文化模因作为新媒体内容，显然不能因循于传统的带有仪式性的场景设置，而是应着力开放场景边际，建设移动新媒体的场景入口，即APP的开发与应用，推进传统文化信息的新媒体语境适配。场景作为社会关系流的一个新背景，既是传统文化模因传播的新介质，也是打开人际关系链条的重要入口。开放场景入口，就是使更多"宿主"收受传统文化模因影响进而完成其在新媒体环境中的成功传染。以视频直播中的"弹幕"功能为例，随着"弹幕"技术的开发应用，移动新媒体场景被植入了无法计数的入口。通过"弹幕"技术网友可以对直播内容进行实时评论和交流，并与主播即时互动。"弹幕"的出现，使视频直播场景增加了无限个即时交互的新入口，也由此形成了受众之间、受众与视频直播场景内部的一体化融合景观。

### （三）开发跨媒介叙事的核心文化资源

传统文化的发展是一个不断吸收、整合的动态过程。吸收和整合的过程，既是不同文化主体之间的碰撞与协同融合，也包含传统文化在新媒体平台上的展示与发布。在对传统文化模因的整合与形式包装中，开发传统文化模因的核心文化资源打造IP，使之形成有利于新媒体传播的新传统文化形态。利用新兴媒体强大的技术优势，以适合新兴媒体表达的方式来提炼与创新传统文化的精髓，使具有中国传统文化符号的新媒体语言利用互联网迅速走向世界。IP(Intellectua Property)这一源于知识产权的词语，在文化产业语境中却具有行业的专属含义。从文化产业视角来看，IP的外延远高于知识产权本身，它更多被赋予"智力创造物"的含义，还包含尚未被法律抽象出来而又应该受到保护的"知识财产利益"等。开发跨媒介叙事的核心文化资源，就是要调动涵盖在新媒体语境下的能够获得"知识财产利益"的传统文化资源，使之在具体的新媒体产业背景下，以既有的固态文化呈现方式，向着有高度扩散潜质的、能附丽于任何新媒体产业运营的液态文化呈现与扩散。IP运营不仅建构了传统文化的全新生产方式，也把传统文化强势模因中寄托民族精神与情感的纽带融合进来，开辟成为有广泛社会认同的新的传统文化形态。这也是传统文化模因传承与发展的必由之路。

当跨媒介叙事呈现于媒介融合范式之中，并对传统文化模因进行积极响应以形成特定生态下新传统文化传播形态时，就意味着传统文化二次元发展时代已经来临。事实上，传统文化作为最具回溯价值的内容也被赋予了新的传播意义，而传统文化肩负的历史责任同时为新媒体技术发展提出了更高的内涵要求。于是，在传统文化的现代化语境建构过程中，通过新媒体技术平台完成跨媒介叙事就成为一种必然的选择。当然，重视新媒体技术利用的同时，考虑传统文化传播与收受主体的主观能动性，使个体价值迁移与跨媒介叙事过程协同有序，才能更好地推动传统文化模因持续地传播和发展。

## 第四节　新媒体时代媒介文化传播与女性形象分析

随着新媒体的飞速发展，文化传播呈现出了一系列新特征，即传播内容的现实化、碎片化，传播方式的立体化、个性化，传播路径的网状化、裂变化，传播时效的高效化、国际化等，这些新特征对女性形象的塑造产生了重要影响。在大众媒介建构的诸多媒介形象中，女性形象是最具代表性的媒介表征之一，其存在复杂而微妙，影响了大众对现代女性的认知。因此，在当前情况下，分析新媒体媒介文化传播中影响女性形象塑造的因素显得尤为重要。

新媒体传播的最大特点是双向传播，增加了受众的参与性和互动性。在新媒体的媒介文化传播过程当中，媒介塑造的女性形象潜藏着一些问题，其构建的女性形象主要分为以下几种：一是外形靓丽、极具性吸引力的美丽女性；二是"贤妻良母"式的传统女性；三是具有强烈消费欲望和购买能力的拜金型女性；四是具有较高文化水平和专业技能的女强人型女性。这些女性多以刻板化、异化、物化等形象示人。然而在新媒体飞速发展的今天，媒介文化的传播并没有修正这种对女性形象认知的偏见，反而起着维护既有性别统治秩序、掩盖两性世界不平等关系的作用。媒介具有建构社会性别意义和模式的功能，其构建的女性形象很容易转变成为大众的心理期待，从而影响到整个社会对现代女性的认知，以及女性对自身性别的认同方式。为什么会产生这种问题，影响新媒体媒介文化传播中女性形象塑造的因素又有哪些，本节将从四个方面进行分析。

### 一、社会化的影响

美国著名传播学学者沃尔特·李普曼在其早期著作中曾提出过"刻板印象"理论。他认为，"所有影像中最微妙和最具普遍意义的是创造和保持固定成见的储存物。我们在观察世界之前已经有人告诉我们世界是怎样的了"。大众媒介对社会生活素材进行遴选、复制、传播，本身就赋予了被报道对象一定的倾向性。与此同时，大众媒介对社会文化等上层意识建构也起到了非常重要的作用。在中国传统文化中，女性的形象被塑造成为"附属性的""感性的""柔软的""母性的""仁慈软弱的""依赖性强的"以及"缺乏理性逻辑思考能力的"。孔夫子曾语："唯女子与小人难养也，近之不逊，远之则怨。"中国传统文化的一个最大特征就是把各种类型的社会文化、社会行为和宇宙秩序放在一起，宇宙人际化，人际关系宇宙化。关于两性关系，《易经》中是这样表述的："乾道成男，坤道成女，辟户谓之乾，阖户谓之坤；乾，健也；坤，顺也。"导致男女关系的主轴便是：男性是施惠者，而女性是受恩者。后来的社会性别意识不断强化这一思想，中国传统女性的标准形象就形成了。女人天生应柔弱,女人的价值体现在能够多大限度地取悦男性上。由于我们认识大多数事物的顺序都是先想象后经历,如果不是教育使得我们意识到不合理之处,那么这些根深蒂固、先入为主的见解会深深支配着我们的整个认知过程。刻板印象的形成不仅有着传统文化因素的影响,更有着大众对某一群体的简单概括性认识。比如我们一提到女博士,不由得就把她们同"李莫愁""剩女""不解风情""高冷"等词汇联系起来。而大众对女博士的这一刻板认识多来自媒介文化的传播。大多数人并没有真正接触或深入了解过这一群体,并不明白她们的生活和工作是怎样的状态。事实上,女博士群体并不像媒介描绘的那样。但是这种在人们脑海中固有的偏见已经形成了刻板印象,这其中离不开社会化因素的影响。

## 二、男性视角的影响

网络作为一种新媒体正在获得越来越多的话语权。网络对女性形象的影响主要按照男性的标准来塑造,这更加深了现实社会中两性分工的刻板印象。在新媒体的媒介文化中,女性被定义为"时尚的""美丽的""诱人的""风姿绰约的"。这些标签都指向了把女性物化,女性被置于一个被欣赏、被宠爱甚至于被消费的从属地位。调查显示,网民中男性的比例要远高于女性,而且在现实生活中男性的经济实力以及参与讨论互动的频率也远高于女性,这就产生了一种不对等性,以致女性在接触网络的过程中不可避免地会受到男性审美价值的潜在影响。我们看到的时尚、家居、购物和情感等涉及女性的内容也是从男性的品位和眼光出发塑造女性的生活童话。新媒体女性形象在塑造过程中常常成为男性欲望的客体。以男性为中心的视觉文化通常把女性置于"被看"的位置,女性不仅仅是男性的审美对象,而且成为男性欲望投射的对象。新媒体在进行文化传播的过程当中强化了这一点,并鼓励、煽动女性享受"被看"、安于"被看",引导女性进入一个通过"被欣赏"、"被赞美"才能展现个人魅力、体现自身价值的误区。在这样的媒介文化传播中,符合男性欣赏标准的女性就成为社会的女性美标准,并且这种意识不断改造着女性的审美观和对自身的认知。在媒介文化中,女性被塑造成男性观赏、享受的对象,而不是工作中的合作伙伴,或者运动中的竞争对手。男性天然认为女性应该扮演好贤妻良母的角色,只有家庭才是一个正常女性应该守住的战场。这一角色认知与中国传统文化中对女性地位的限定是分不开的。自古以来中国就有"男主外,女主内"的说法。从一些古典文学作品中我们也可见一斑。从"慈母手中线,游子身上衣",三字经中的"昔孟母,择邻处"等诗句中均可感受到女性在社会生活中一直扮演着相夫教子的角色,似乎缝缝补补、洗衣做饭、照顾老小是女性不可推卸的职责。事实上这些事务未必一定要由女性来完成。在一些广告作品中,我们也经常能够看到这样的画面:女性拿着清洁一新的衣物,一脸陶醉,脸上露出沉浸在幸福中的表情;抑或是使用了某品牌的调味产品烹制出了美味鲜香的食物,受到丈夫和公婆的赞许,脸上依旧洋溢着幸福满足的微笑。这类广告中的性别不平等关系常常是较为隐蔽的,都披上了幸福生活的外衣。现实生活中,人们把在媒介看到的视像内化为自己的认知,并以它所界定的所谓幸福模式来绘制自己的生活,指导自己的行为,从而进一步强化和巩固了这种文化偏见的不合理之处。媒介的文化传播,在一定程度上起到了引诱、魅惑的作用:一方面表达了对现实社会中两性分工的认同,另一方面不断强化了性别分工中的男性中心文化视角及审美倾向,让现实中的女性依照男性审美视角去进行自身改造,将影像中的形象误认为是真实现状,扭曲或淹没了女性主体自我意识,极不利于女性自身性别意识的觉醒和进步。

## 三、媒介自身的影响

随着时代的发展,女性在社会中的地位越来越高,但是媒介在定义女性形象的过程中仍包含着性别偏见。关于媒介在传播女性形象问题上存在的问题,除了社会文化因素、商业化因素以及性别视角因素,更应从自身传播规律、传播特点以及从业人员素质等方面找原因。当今社会的生活节奏越来越快,凡事追求效率,使得人们没有多余时间去深入了解个人以外的事物。想要了解生存的大环境,多是借助大众媒介手段。大众通过媒体认识社会的行为模式,导致了媒介对大众认知具有很高的控制力。在媒介文化传播的过程当中,权力对女性形象的塑造起着至关重要的作用,媒介本身并不是绝对客观的,主要表现在媒介所呈现的事物是由谁制造的,为了谁的利益而制造,以及将引导出什么样的社会效果。所有发布的文章、图片、视频都是经过把关人过滤之后的信息,这些信息在无形中包含着媒体的喜好、态度以及对社会性别角色的定义和期待,而且每一家媒体都有自己代表的立场,有自己的主张。因此,新媒体的媒介文化传播依然是现实社会的一种延续,社会对于女性的种种约束和定义在新媒体中仍有体现。因此,媒介对女性形象呈现的方式、频率、内容等都在无形当中构建着大众对女性形象的定位和认知。如果媒介一再宣传女性只有像范冰冰那样拥有白皙的皮肤、大眼睛、尖下巴等外貌特征才能称得上是美女,久而久之,会使大众盲目追逐那种美,从而忽略了美的差异性和多样性,甚至产生跟风整容、千人一面的荒唐现象。近些年来,有关整容的负面报道层出不穷,打开电视机,经常看到明星"撞脸"的新闻报道;现实生活中的女性认为锥子脸搭配比例夸张的大眼睛才是美,所以越来越多的年轻女性走进整形医院,不顾手术中可能出现的风险也要把自己变成某某明星的样子,甚至为了整形不惜花光家庭所有积蓄。这是一种畸形的审美,不利于社会健康审美观的建立,严重者甚至会引发一系列社会问题。媒介有责任对此进行正确引导,通过传播女性健康形象帮助大家树立正确的审美观念。

## 四、商业化影响

媒介的运营离不开经济的支撑,尤其是新媒体的运营,更是不能缺少金钱。所以,媒介生产的内容能不能获得广告商的青睐直接决定了媒介的生存寿命。所以,媒介把目光对准了最具消费能力的女性群体。活跃在微信的各种知名公众号,几乎每一期推论都会做一些隐性广告。比如在一篇名为《什么样的女性才是男人眼中的万人迷》的文章中,讲述了体态优雅、读书多、会旅行的女性是很有魅力的,然而最迷人的是身上散发着怡人香氛的女性。文章在后半部分着重介绍了不同年龄段、不同职业的女性分别使用哪种品牌的香水更合适,并附上了这些香水的淘宝链接。诸如此类的文章在微信公众号、电子杂志、微博中非常常见,而且以推销女性产品居多。其共同特征都是先塑造一个理想女性的形象,告诉受众典范女性的标准是怎样的,然后告诉你怎样才能成为这样的女性。想要实现这一目的,必须使用某种商品让自己的外表看起来更完美,更受欢迎;必须去某些地方旅行才能体现自己的文艺情怀;必须吃到某一种食物才算达到一定生活品质。此外还有很多文章煽动女性"只有看起来很贵,才配拥有幸福的人生",潜藏在这种论调之下的目的就是鼓励女性消费,只有女性消费了,商家才有利可图。所以,商业化的影响直接决定了媒介呈现的内容,一篇包含这种软广告的推论可以获得上万元的收入,比发一篇普通新闻稿的收益高出许多,这直接决定了媒介传播内容的商业化倾向。而媒介内容又对女性形象以及社会对女性美的标准定义产生影响,这种影响是深远的,且不易被察觉。

总而言之,媒介是文化的载体,文化借助媒介得以传播和发展,而媒介在传播文化的过程中又会对其产生影响。可以说,媒介是我们理解和关注文化的方式和途径。在新媒体时代,谁控制了文化谁就主宰了时代,新媒体作为反映时代文化的一面镜子,在传播女性文化的同时也影响着女性形象的构建。

## 第五节 新媒体时代豫北非遗的传播媒介发展

当下,新媒体技术的变革与发展为非遗保护提供了更为广阔和立体的传播渠道。在新的文化生态中如何推进豫北地区非物质文化遗产保护与传承工作,值得研究。科技是第一生产力,以网络为终端的新媒体打破时间和空间的限制、突破传统与现代的隔阂,采取网络化、科技化、多样化的传播方式实现豫北非物质文化遗产传承保护的创新,并推动以非遗为精髓的中华优秀传统文化走向世界舞台,传播中国文化,彰显中国精神。

加拿大传播学者麦克卢汉曾提出"媒介即讯息"的观点,他强调媒介的发展成为社会生活和信息传达的基本动力,将其观点放置于新媒体生态环境中可知,当下网络技术的繁荣发展为豫北非遗提供了多样化、全面化、立体化的展示平台。不同的非遗类别有着自身独特的文化特色,在豫北非遗的传播媒介策略中,可以针对不同非遗匹配不同的传播媒介,打破媒介与非遗之间的壁垒,形成"全媒体"立体化传播渠道。

### 一、加强官方网站建设,建立数字化非遗资料库

国内的文化生态圈在全球化背景中发生了骤变，豫北地区非物质文化遗产也受到较大冲击，《国务院办公厅关于加强我国非物质文化遗产保护工作的意见》中明确提出"要运用文字、录音、录像、数字化多媒体等各种方式，对非物质文化遗产进行真实、系统和全面的记录，建立档案和数据库"，从国家层面和立法层面指出对非遗的创新保护手段——数字化非遗资料库。

豫北拥有种类丰富、底蕴丰厚的非物质文化遗产，焦作、新乡、安阳、鹤壁、濮阳等地均设有非物质文化遗产保护中心，但实地走访过程中发现豫北地市的遗产保护中心规模小、人员少、遗产研究浅显，且当地没有官方遗产保护网站，数字非遗保护亟待加强。

建立豫北地区非物质文化遗产官方网站，旨在以数字技术为依托，通过在网络平台建立数字化非遗资料库展现各地特色非遗，在扩大非遗受众群的同时有效保护非遗。

其一，以豫北各个地市为板块分割，点击不同地市便可了解不同地域特色和不同非遗项目；

其二，以豫北非遗类别划分，通过文字、图片、音频与视频等载体对其进行梳理和呈现；

其三，按照传播内容分类进行非遗介绍，方便受众查阅；

其四，把豫北不同的机构分为专业机构和社会团体，主要包含豫北各地市非遗保护中心、豫北各地非遗保护社会团体；

其五，采用数字手段对所有的非遗进行归类存档，以图文和视频的方式形象化展示。

豫北非遗网站宛若一个豫北非遗数字博物馆，分层次、分类别、分板块介绍豫北每一项非物质文化遗产项目，以碎片化的影像资料为观众提供深入了解豫北非遗的窗口。此外在数字技术的引导下，对网站进行创新，及时更新与完善信息，最终形成一个完整的"活态"博物馆。

## 二、利用虚拟现实技术，建立沉浸式数字体验馆

虚拟现实（Virtual Reality）简称 VR，是数字媒体技术的最高级应用形式，该技术将现实生活中实际存在的物体或人们想象中的景象，在受众眼前生成一个虚拟仿真的影像环境，调动观众的视觉、听觉、嗅觉、触觉乃至于味觉，使其沉浸于虚拟的真实世界中。

虚拟现实技术在强大的仿真体系和人工智能的支撑下，给用户带来身临其境的真实沉浸感，同时传感技术使身处虚拟环境中的用户在感触物体的体积、形状和重量的同时依然可以移动虚拟物体。正是在沉浸感、交互性所带来的全新体验下，虚拟现实技术得到人们越来越多的认可与喜爱。

伴随虚拟现实技术的愈加成熟，其运用领域也愈加广泛。虚拟现实技术在信息传播方面具有鲜明的动态传播优势，将其用于豫北非遗的保护与传承具有较大的发展潜力。例如，运用虚拟现实技术在浚县建立"泥咕咕沉浸式体验馆"，在沉浸式的交互中增强浚县泥咕咕的传播。浚县泥咕咕是静态的泥塑艺术，运用 3D、VR 技术将取土、晒土、和泥、捏制、

插孔、晾晒、烧制、彩绘、刷漆等9个制作环节以虚拟影像呈现，让体验者亲眼看见并全程参与泥咕咕制作。泥咕咕因其尾部有两个小孔，吹时发出"咕咕"的声音，所以在调动视觉和触觉的同时还可以调动听觉体系，将不同的泥咕咕形象与不同的声音相结合，真正做到可视、可听、可触、可感的沉浸式观感体验。

此外民间文学亦可以在沉浸式数字体验馆中得以传播。民间文学贴近日常生活，是劳动人民生活的总结，与书面文学不同的是，它以口语传播为主，传播性和画面感欠佳。而虚拟现实技术可以将口头传播的民间传说以逼真的画面、立体的声音、真实的触感还原，让体验者在全息影像的立体传播中感受古代文明和文化。

虚拟现实搭建的沉浸式体验馆在真实保存和还原豫北非遗的基础上，创新传播方式，将地域化的豫北非遗赋予全新样态，采用现代化的传播方式吸引了更多的受众，尤其使一大批年轻人打破对非遗陈旧的刻板印象，开始走进豫北非遗体验馆，成为了解、保护、传承非遗的全新方式。

## 三、基于推荐算法技术，建立媒体融合传播平台

新媒体时代信息的传播与存储呈几何级式增长，令受众眼花缭乱、目不暇接。由此，推荐算法在云计算技术的支撑下应运而生，它能节约信息成本、提升信息传播效率，最重要的是通过精确的信息处理来满足受众个性化的信息需求。

豫北地区拥有多样的非物质文化遗产，且不同的非遗项目以自身特有的发展历程和艺术形态备受瞩目。推荐算法技术对多元的受众需求进行智能化整合分析，制定出差异化的传播渠道、传播内容和策略，进而让豫北非遗在新媒体的融合传播平台找到专属的传播阵地凸显文化内涵。

短视频APP采用推荐算法，进行豫北非遗精准传播。从实体企业到自媒体平台，用户体验是第一关注点，只有了解用户的兴趣和需求才能达到事半功倍的传播效果。在用户注册使用短视频APP时，平台读取用户的地理位置信息，并建议用户填写兴趣、年龄等信息，故而作为豫北非遗视频的创作者，可以借助短视频后台的推荐算法整合相关非遗话题讨论内容，吸引相关用户参与非遗视频的制作与分享；作为豫北非遗视频的浏览者，在推荐算法所营造的"信息茧房"中形成以用户为基点的发散式、聚变式的传播形态，继而传播者和浏览者在新媒体的交互性中完成对豫北非遗的形象建构与传承。

在信息传播形式上，推荐算法将用户细分，为豫北非遗制定个性化的传播方式。青年群体是新媒体的主流用户，豫北非遗传播可以创设以豫北非遗为内容的APP，用游戏娱乐的方式向年轻人传播豫北非遗文化。比如，创设《豫见非遗》APP采用游戏闯关模式，展示豫剧、大平调、太极拳等表演类非遗，辉县剪纸、浚县泥咕咕等美术非遗项目按照养成式游戏设置，在激发用户参与兴趣的同时，扩大豫北非遗的认知度，形成较好的融媒体传播效果。

新媒体数字技术为不同非遗项目匹配不同的传播媒介，从传统媒体到官方网站建设，再从线下沉浸体验馆到线上移动终端，虚拟技术和算法推荐逐步打破媒介与非遗之间的壁垒，形成"全媒体"立体化传播渠道。豫北非遗在全新的媒介生态环境中，打破了传统与现代、时间与空间的隔阂，真正在现代化的生活中焕发出传统文化的青春之光。

# 第七章 新媒体时代产业发展方向

## 第一节 我国新媒体产业发展新趋势

我国新媒体产业在网络协同和数据智能的双重驱动下，用户数量、产业规模、应用和服务的数量与质量都得到了快速发展，而互联网巨头是我国新媒体产业的主导力量和促进新媒体产业进一步发展的核心力量。5G、区块链、海外布局等都将进一步促进我国新媒体产业的大发展。

在互联网正式进入我国25周年的2019年，互联网基础设施不断完善，互联网用户数量快速增加。在此基础上，新媒体产业已经成为传媒业的主导力量，且新媒体产业正在借助大数据、人工智能等新技术赋能其他产业，互联网巨头也在大力布局产业互联网，这也给新媒体产业带来了新机遇。我国新媒体产业在网络协同和数据智能的双重驱动下，用户数量、产业规模、应用和服务的数量与质量都得到了快速发展，而互联网巨头是我国新媒体产业的主导力量和促进新媒体产业进一步发展的核心力量。5G、区块链、海外布局等都将进一步促进我国新媒体产业大发展。

在互联网正式进入我国25周年的2019年，互联网基础设施不断完善，互联网用户数量快速增加，互联网产品和服务极其丰富，在此基础上新媒体产业也成为传媒业的主导力量，且新媒体产业正在借助大数据、人工智能等新技术赋能其他产业，互联网巨头也在大力布局产业互联网，这也给新媒体产业带来了新机遇。

### 一、新媒体产业发展基础良好

我国新媒体产业发展的基础扎实，一方面我国经济平稳增长，数字经济占比快速提升；另一方面我国互联网基础设施水平高、技术先进、用户数量多、互联网生态企业实力强，为新媒体产业发展提供了良好的基础和外部环境。

#### （一）我国经济平稳增长，数字经济占比快速提升

1. 我国 GDP 同比增长 6.1%

国家统计局数据显示，经初步核算，2019年全年国内生产总值990865亿元，同比增长6.1%，增速超过6%，总额将近100万亿元。其中，第三产业增加值534233亿元，同

比增长 6.9%。人均国内生产总值 70892 元，同比增长 5.7%，首次突破 1 万美元大关，与高收入国家差距进一步缩小。

2. 我国数字经济占比快速提升

中国信通院的数据显示，2018 年我国数字经济规模为 31.3 万亿元，占 GDP 比重 34.8%，数字经济发展对 GDP 增长的贡献率为 67.9%，贡献率同比提升 12.9 个百分点，数字经济已成为中国经济增长的新引擎，成为带动我国国民经济发展的核心关键力量。2019 年中国数字经济规模将达到 35.9 万亿元，占比进一步提升。目前，数字经济的蓬勃发展，将推动传统传媒业的转型升级，为新媒体产业的发展提供源源不断的动力。

### （二）我国互联网发展基础好

1. 网络基础设施好

中国互联网络信息中心第 45 次《中国互联网络发展状况统计报告》（以下简称《互联网报告》）数据显示，截至 2020 年 3 月，我国网民规模为 9.04 亿，互联网普及率达 64.5%；我国手机网民规模达 8.97 亿，手机网民普及率达到 99.3%；我国网民的人均每周上网时长为 30.8 小时，较 2018 年底的 27.6 小时增长了 3.2 小时。截至 2019 年第一季度，固定网络宽带平均可用下载速率同比增长 55.5%；移动宽带用户使用 4G 的平均可用下载速率同比增长 20.4%。可以看出，我国的网民数量和使用时长还在继续增长，显示我国的网络用户基础良好。

2. 与新媒体产业相关的应用普及率很高

《互联网报告》数据显示，我国使用与新媒体产业相关的网络搜索、网络新闻、网络视频、网络游戏等应用的网民规模和使用率均很高，例如 2020 年 3 月底我国网络视频的用户已经高达 8.5 亿户，网民使用率高达 94.1%，这些都为我国新媒体产业发展打下了坚实基础。

## 二、对新媒体产业发展的具体分析

### （一）互联网广告继续高速增长，但内部分化严重

1. 总收入超过 4300 亿元

中关村互动营销实验室发布的《2019 中国互联网广告发展报告》显示，2019 年中国互联网广告总收入约 4367 亿元，同比增长 18.2%，增速虽然放缓，但仍保持平稳增长态势。其中，来自电商平台的广告收入为 1567.8 亿元，处于首位，占总额的 35.9%，同比增长 3%；搜索类平台广告收入为 624.5 亿元，居第二位，占总额的 14.9%；视频类平台广告收入为 545.9 亿元，同比增长 43%，取代新闻资讯平台成为第三大互联网广告投放平台。

2. 互联网公司广告头部效应明显且内部分化严重

第一，互联网公司广告头部效应明显。经过近几年互联网公司的不断迭代创新，我国互联网公司广告收入排位不断迭代，阿里巴巴、字节跳动、百度、腾讯、京东、拼多多、

美团点评、快手等居于前8位,且阿里巴巴、字节跳动、百度、腾讯占据了我国互联网广告收入的绝大部分,头部效应更为显著。例如,2019年前三季度,阿里巴巴的广告收入超过1100亿元,一家就占了互联网广告收入的三分之一多。

第二,互联网公司分化更为明显。在新技术驱动新平台的快速迭代下,一方面,字节跳动、拼多多、美团、快手、小米等新平台异军突起,尤其是字节跳动超越百度仅次于阿里巴巴位居第二位;另一方面,阿里巴巴、字节跳动、腾讯、京东、拼多多、美团、快手等都在高速增长。例如,字节跳动从2018年的500亿元增加到2019年的1400亿元,同比增长了180%;快手2019年广告收入在130亿元左右,同比增长5倍左右。但百度、新浪、小米、搜狐等出现了负增长。其背后的深层次原因有:一是整体基于大数据、人工智能等新技术的互联网公司发展迅速,尤其是字节跳动、快手等完全建立在大数据、人工智能等新技术基础上的互联网公司正呈现跨越式发展;二是短视频布局深且好的互联网公司成长性好;三是生态系统搭建好的互联网公司发展速度快,阿里巴巴、腾讯、字节跳动、美团等生态系统都相对成熟;四是电子商务公司的广告收入基数大、增长快。目前,阿里巴巴已经成为我国广告收入最高的公司而且依然保持高速增长,京东、美团等广告收入也高速增长。

3. 互联网广告出现的新特点

第一,互联网广告增速放缓且行业集中度进一步提高。一方面,2019年我国互联网广告增速虽低于20%,但仍然保持18%以上的高增速,未来增速会进一步放缓但仍然会保持较高的增速;另一方面,集中度进一步提升,阿里巴巴、字节跳动、百度和腾讯4家广告收入占全部网络广告收入的80%以上。

第二,基于大数据、人工智能等智能新技术的互联网平台正在实现弯道超车。其中,字节跳动已经超过百度居于第二位,快手除了直播之外也正在大力开发广告,广告收入增长很快。可以预测的是,我国互联网媒体公司将继续分化,技术领先、生态系统完备、短视频布局深的互联网媒体公司发展会更好,占据的市场份额会更大。

第三,新商业模式和盈利模式不断创新。一是电商直播、游戏等不断打破广告的边界,广告的边界不断延伸;二是网红经济采取网红带货等新模式,不断扩大网络广告市场规模。

### (二)我国游戏产业增速提升

1. 我国游戏产业市场实际销售收入超过2300亿元

2019年4月19日,原国家新闻出版广电总局官网显示,《出版国产电脑网络游戏作品申请书》或《出版国产移动游戏作品申请表》,以及《出版境外著作权人授权互联网游戏作品申请书》已经上线,这标志着我国游戏版号申报正式重启。相关数据显示,截至2019年12月23日累计审批26批国产网络游戏版号申请,共计1448款,虽然相较于2017年的最高点9384款下降了84%,但游戏版号审批更加注重质量,在一定程度上实现了供给侧结构性改革。相比于2018年,游戏被严格监管,即游戏版号冻结、总量调控等,游戏产业也遭遇了寒冬,2018年我国游戏市场实际销售收入为2144.4亿元,同比增速仅为5.3%。在游戏版号放开之后,我国游戏行业快速回暖。中国音数协游戏工委发布的《2019年中国游戏产业报告》(以下简称《游戏报告》)显示,2019年我国游戏产业实际销售收入为2308.8亿元,同比增长7.7%,增速比2018年提高2.4个百分点;游戏用户已达6.4亿人,同比仅增长2.5%,增速明显放缓。

2. 游戏产业结构进一步优化

第一,海外市场销售增速高于国内市场。《游戏报告》显示,2019年,我国自主研发的游戏国内市场实际销售收入为1895.1亿元,同比增长15.3%;中国自主研发的游戏海外市场实际销售收入达825.2亿元,同比增长21.0%。其中,在海外重点地区收入分布方面,美国占比30.9%,日本占比22.4%,韩国占比14.3%,三个地区合计占比达到67.5%。

第二,国内移动游戏市场占比进一步提升。《游戏报告》数据显示,2019年,国内移动游戏市场实际销售收入1581.1亿元,占比68.5%,同比增长18.0%;客户端游戏市场实际收入615.1亿元,占比26.6%,同比下降0.7%;网页游戏市场实际销售收入98.7亿元,占比4.3%。但同时,2019年我国移动游戏用户规模已高达6.2亿人,同比增长率仅为3.2%;我国网页游戏的用户规模从2015年的3亿人下降到2019年的1.9亿人,减少了1.1亿人。

第三,电子竞技游戏高速增长。2019年,我国电子竞技游戏营销收入947.3亿元,同比增长13.5%;用户规模从2015年2.2亿扩大到2019年的4.4亿,增长了一倍。

3. 主要游戏公司业绩良好但国内游戏上市公司整体亏损

第一,我国主要游戏公司业绩良好。我国虽然游戏公司众多,游戏类上市公司就有数十家,但整体又是高度集中的行业,腾讯和网易两家的游戏收入超过1500亿元,占据我国整体游戏市场的65%以上。2019年前三季度,腾讯游戏的总收入为844.73亿元,全年预计将超过1100亿元。2019年,网易游戏收入为464.18亿元,世纪华通游戏收入为151.1亿元,净利润为25.5亿元,三七互娱游戏收入为132.26亿元。

第二,我国上市公司游戏板块整体亏损,分化明显。wind的数据显示,预告业绩的100家上市公司中,有24家是游戏板块公司,其中12家盈利12家亏损,但是由于亏损上市公司亏损额较大,板块整体亏损额高达80.75亿元到119.65亿元。

### (三)我国在线直播产业快速创新

1. 我国直播产业市场规模或超700亿元

第一,我国直播行业用户破5亿。艾媒咨询的数据显示,2019年我国在线直播行业用户规模已增长至5.04亿人,同比增长10.6%,远远超过网民数量增速。预计2020年在线直播行业用户规模将继续增长到5.26亿人。

第二,我国直播行业市场规模超700亿元。前瞻产业研究院等多个机构预测的数据显示,2019年我国直播行业市场规模或可超700亿元,而到2022年市场规模有望突破千亿元。

### 2. 我国直播行业主要公司业务快速增长

目前，我国直播行业主要有淘宝、快手、欢聚时代、虎牙、陌陌、斗鱼、六间房和企鹅电竞等公司，其中淘宝、快手是直播电商的典型代表，而欢聚时代、虎牙、陌陌、斗鱼则是游戏直播中的佼佼者。得益于我国直播行业的快速增长，该行业中的主要公司也高速成长，如快手2019年的直播收入达300亿元，2019年前三季度欢聚时代的直播收入高达168.82亿元。

### 3. 创新能力强

第一，在线直播覆盖更多场景，短视频平台大力扶持直播业务。一方面，泛娱乐直播平台覆盖了音乐、舞蹈、综艺、游戏、户外、美食等场景；另一方面，短视频平台强势进入直播业务，不仅能完善自身的视频流内容生态，又能打破自身的业务边界，进入新业务领域。

第二，"直播+电商"模式大行其道。2019年，在线直播平台陆续推出"直播+"节目，发展最快的则是"直播+电商"模式，尤其是淘宝、快手等平台的赋能和助力，使得直播电商的商业价值被快速变现。

第三，快手等领先电商直播，花椒领先娱乐直播，斗鱼领先游戏直播。艾媒咨询的数据显示，快手、淘宝等在电商直播中遥遥领先，在娱乐类在线直播平台中，花椒直播与YY直播在用户偏好方面处于领先地位，其中22.5%的用户表示经常使用花椒直播平台。而在游戏直播平台中，斗鱼直播受欢迎程度最高，超过四成的用户表示平时经常使用斗鱼直播。

## （四）国内云计算产业规模超1200亿元

根据国务院发展研究中心国际技术经济研究所发布的《中国云计算产业发展白皮书》的数据，2019年我国云计算产业规模预计超过1200亿元，达到1290.7亿元人民币，但中国企业上云率还很低，这说明我国云计算产业还有很大的发展潜力。

## （五）我国大数据产业规模超5000亿元

赛迪数据显示，2019年，我国已经有100多家大数据产业园，预计2019年我国大数据产业规模为5386.2亿元，同比增长22.8%。其中，大数据硬件市场规模为2541.7亿元，同比增长13.2%；大数据软件市场规模为1062.7亿元，同比增长29.2%；大数据服务市场规模为1781.8亿元，同比增长35.3%。

## （六）我国电影票房超过640亿元

国家电影局公布的数据显示，2019年全国票房642.66亿元，同比增长5.4%，其中，国产片份额达64.07%；全国新增银幕9708块，银幕总数达69787块，银幕总数全球领先；全国观影人次达17.27亿次，同比略有增长。尤其值得一提的是，2019年全年，票房前10名的影片中有8部为国产影片，票房过10亿元的15部影片中有10部为国产影片。但也需要指出的是，由于各种不利因素的影响，2019年前三季度，全国拍摄制作电视剧备案数量比上年同期减少27%，横店影视城开机率同比锐减45%；2018年行业投资金额达到537.77亿元，而2019年前五个月投资金额仅为2.62亿元。

### （七）我国区块链产业发展迅速

在2019年我国对区块链产业政策放松之后，我国区块链产业迎来了巨大发展机遇，而我国区块链专利数量和企业数已经处于高速增长态势。根据Incopat数据库的统计结果，截至2019年11月27日，我国在区块链行业的专利总数达到1894项，远超其他各国合计专利数量，在全球处于遥遥领先地位。根据链塔最新发布的《2019中国区块链专利综合实力榜》，阿里巴巴排名第一，金融壹账通位列第二，中国联通位居第三。《区块链蓝皮书：中国区块链发展报告（2019）》数据显示，全国区块链企业近2.8万家，其中以北上广深为核心聚集地，广东省区块链注册企业占全国区块链注册企业的比例超50%，共计16353家。根据链塔数据，截至2019年9月，国内与区块链衍生相关企业数量超过10万家，仅在2019年第三季度中，相关企业就超过7万家。

### （八）我国电竞产业生态规模超130亿元

企鹅智库发布的《2019全球电竞行业与用户发展报告》显示，2019年，中国的电竞用户预计突破3.5亿，产业生态规模将达到138亿元。据腾讯互动娱乐市场平台部副总经理戴斌介绍，2019年上半年，腾讯电竞旗下赛事在版权授权的收入破4.5亿元，而2018年全年仅为3.7亿元；在商业赞助方面，2019年上半年，腾讯电竞完成了与33家企业的51个合作项目，赞助总额达到4.4亿元，而2018年为2.8亿元。

## 三、新媒体产业融资规模较大

### （一）上市融资的有12家

据不完全统计，2019年上市融资的传媒类企业主要有阿里巴巴、微盟、猫眼娱乐、斗鱼直播、新媒股份、网易有道、中信出版社等12家，其中，在香港港交所上市的有阿里巴巴等6家，在美国纳斯达克上市的有3家，在美国纽交所上市的有1家，在深圳深交所上市的有2家。

在上市融资的12家上市公司中，以下几家具有代表性：一是阿里巴巴在香港作第二上市，是2019年募资额最大的上市公司，共募资1012亿港元，占香港IPO市场全年募资总额的32.4%，是港交所有史以来的第三大IPO，同时还是新上市制度下第三家同股不同权上市公司，也为首个同时在美股和港股两地上市的中国互联网公司。此处需要说明的是，虽然阿里巴巴是电子商务公司，但是由于其主要收入来源于广告，所以此处也把其列入传媒公司。二是中手游曾是中国第一家赴美上市的手游公司，2015年中手游科技私有化退市，再到港交所上市。三是新媒股份在深交所创业板市场上市，主要运营与广东IPTV集成播控服务、互联网电视集成服务和内容服务配套的经营性业务。四是中信出版集团股份有限公司在深圳证券交易所挂牌交易,此次募集的资金中,4.1亿元用于"内容+"知识产权投资与运营平台建设项目,2亿元用于智慧生活服务体系建设项目。

### (二)上市公司成为新媒体投资的核心主体

2019年,由于传媒业市场整体遇冷,虽然阿里巴巴、腾讯、百度等已上市的互联网巨头在新媒体产业的投资数量和金额大幅度下降,但依然是新媒体产业市场投资的重要力量,且其他传媒类上市公司也有不少的投资。

第一,阿里巴巴、腾讯和百度投资数量多、金额大。一是阿里巴巴通过自己及其子公司等关联方分别投资了分众传媒、网易云音乐、B站、趣头条等。其中,B站和趣头条两家腾讯之前也参与了投资。二是腾讯投资了快手、微盟集团、有赞、快看漫画、销售易等。三是百度投资了汉得信息等。

第二,其他上市公司也进行了大量的投资。一是世纪华通以298亿元收购盛大游戏,本次交易的业绩承诺2018—2020年实现的扣费后归属于母公司所有者的净利润分别为21.36亿元、24.94亿元和29.68亿元。二是京东集团投资了新潮传媒近10亿元。三是中国移动通过16亿元战略投资成为芒果超媒的第二大股东。四是中文传媒收购另外一家上市公司慈文传媒。

### (三)其他重要投融资事件

除阿里巴巴、腾讯等互联网巨头以及其他上市公司之外,字节跳动、快手等也进行了一些重要投资。一是字节跳动投资虎扑Pre-IPO轮融资,字节跳动持股比例为30%,跃升为虎扑的第二大股东;投资互动百科成为第一大股东。二是快手领投知乎F轮融资。三是弘毅投资新华网3亿元,这也是为数不多的民营资本投资国有传媒企业。

### (四)2019年海外投资布局

2019年,互联网巨头在各个领域大力进行海外布局。在新媒体产业方面,腾讯及其旗下的阅文集团是海外布局的重要力量,腾讯在游戏领域收购挪威游戏公司Funcom29%的股权,成为该公司第一大股东;在社交领域投资印度内容和社交网络应用ShareChat2亿美元。

## 四、我国新媒体产业未来发展趋势

### (一)新技术与新基建将促进新媒体进一步快速发展

**1.5G、区块链等新技术将进一步拓展新媒体产业边界**

5G开始商用,作为新一代移动通信技术,将与物联网、VR、4K等新技术一起决定着新媒体产业的新蓝图;区块链有可能成为未来的社会操作系统,正在对新媒体产业产生革命性影响。

第一,5G移动通信技术决定新媒体产业新蓝图。2019年6月6日工信部宣布,正式为中国移动、中国联通、中国电信和中国广电四家企业发放 5G 牌照，这标志着我国 5G 正式开始商用，更标志着 2019 年是"5G 元年"。一方面，5G 能够打造万物互联的巨型生态系统。作为新一代移动通信技术，相比于此前的 2G、3G、4G，不仅带宽、网速等基础技术能力得到了大幅度提升，而且互联网化、IT 化、智能化、灵活性水平更高，能够给用户带来极致的用户体验。另一方面，短期内 5G 会带来诸多传媒业新机遇。一是现有媒介形态迭代优化与创新媒介形态。无论是现有的新闻客户端、微信、微博、视频尤其是短视频，还是直播、游戏等，都能借助 5G 技术得到优化；激活 VR、车联网等潜力大的媒介；面向产业互联网的新媒介形态、基于物联网的智能家居都将会大量出现。二是连接指数级增长与极致体验。用户数量还有较大的增量空间，物联网将提供数以百亿计的新连接，虚实结合时代的用户体验会更为极致。三是市场规模急剧扩大。基于用户的传媒业市场规模还有较大的空间，VR、车联网等将构建新产业链，产业互联网潜力巨大。四是 5G 技术彻底打破万事万物的边界，万物互联时代真正到来。

第二，区块链技术未来将重构新媒体产业。一方面，区块链核心优势明显。区块链具有高度去中心化、无须信任的高度信任（对"人"的信任改为对机器的信任）、价值传递、信息不可篡改性、隐私高度保护等五大特征；区块链的本质是能完成既定社会目标的信息分散决策机制。且区块链的核心优势在于能够更好地传递价值，能够更好地保护用户隐私和帮助用户获取更多的权利，改变互联网的生产关系。可以看出，作为底层技术的区块链将与互联网技术一样，有可能成为新一代信息基础设施和社会操作系统，而未来"区块链 +"将赋能传媒业，彻底重构传媒业。另一方面，基于区块链的传媒新生态将逐步形成。理论上讲，随着区块链技术的逐步成熟，区块链将成为整个社会的底层操作系统，"区块链 + 传媒业"将迎来新生态，将在理念、生态系统、商业模式等方面取得重大创新。一是科技向善的理念得到更好的落地；二是更大范围的自组织传媒生态系统形成。

第三，人工智能技术更为系统化、中台化。在字节跳动、快手、阿里巴巴等整体人工智能技术更为先进的快速发展的示范下，互联网媒体公司开始通过人工智能技术进行系统化、中台化改造，打造更为智能的智媒体。

2. 基于网络协同和数据智能的新基建将为新媒体产业进一步赋能

随着大数据、人工智能技术的发展，互联网平台的网络协同和数据智能能力越来越强，在这种情况下，C2B（用户到企业）商业模式成为可能，网络协同和数据智能所代表的新基建也为新媒体产业进一步赋能，尤其是 2020 年初发生的新冠肺炎疫情更加显现了新基建的巨大威力。

## （二）互联网巨头成为新媒体产业的主导力量和投资的核心力量

阿里巴巴、腾讯、百度、字节跳动等互联网巨头为了打造更为健康的生态系统，在新媒体产业积极投资，经过多年的投资布局，已经成为我国新媒体产业的主导力量和新媒体产业投资的核心力量。

1. 阿里巴巴、腾讯出手最多

2019年，在新媒体产业投资方面，腾讯投资数量最多，阿里巴巴投资额最多。天眼查数据显示，2019年，包括腾讯、阿里巴巴、百度、京东、字节跳动等互联网巨头，共投资了185起。其中，腾讯以94起居于首位，阿里以34起位居第二位，字节跳动以19起位居第三位。根据和讯财经报道，2019年，阿里巴巴、腾讯和京东均保持了数百亿元的投资规模，其中阿里巴巴以1146.10亿元居于第一位，百度的投资额也达到了88.32亿元，字节跳动的投资额为22.17亿元。

2. 互联网巨头在新媒体产业的具体布局

第一，腾讯围绕其主营业务加大布局。腾讯在新媒体产业投资的领域极其广泛，覆盖游戏、短视频、动漫、直播、影视、音频等细分赛道。在游戏领域投资仅9起，同比下降52.63%，其中国内投资3起，国外投资6起。例如，以2亿元收购了英国上市游戏公司Sumo Group。在动漫领域投资了4起，主要是1.25亿美元投资在漫画领域深耕4年的快看漫画。在短视频领域，重点投资了快手。在影视领域，重点投资了曾打造火爆全国的偶像女团竞演养成类综艺节目《创作101》的好枫青芸公司，腾讯持有其10%的股份并成为其第二大股东。

第二，阿里巴巴采取的是先投资、再并购、最后全资收购的高介入模式。2019年，阿里巴巴在新媒体领域主要领投了网易云音乐等，入股了分众传媒、B站、趣头条等。

第三，字节跳动积极进行投资布局。字节跳动在快速发展的同时，积极通过投资来强化自身的生态系统，2019年主要投资了虎扑、互动百科等。其中，字节跳动投资虎扑12.6亿元，持股比例为30%，成为虎扑的第一大股东。此外，通过投资互动百科也强化了自身搜索领域的能力，并且以5.3亿美元投资理想汽车，对无人驾驶的期盼呼之欲出。

第四，百度对新媒体产业投资数量少。2019年，百度对外发起了14起投资，重点是企业服务、人工智能、内容。根据IT橘子的数据，威马汽车、东软控股以及知乎，是投资金额最高的三家，都超过了10亿元；在传媒业领域投资了知乎、果壳、凯叔讲故事、七猫小说等头部优质企业，其中对知乎投资了4.34亿美元。

（三）互联网巨头积极进行海外布局

在国内市场增量空间越来越小和竞争日趋激烈的情况下，互联网巨头纷纷开启国际化进程，进行海外布局。目前，互联网巨头在海外布局时，为了降低时间成本，多采取并购海外标的的方式快速抢占国际市场。这样做，一方面互联网巨头可以快速获取市场，另一方面能够利用其先进技术为并购标的赋能。在传媒业海外布局方面，字节跳动取得了较好的效果。字节跳动国际化主要围绕自身的核心业务开展，主要有资讯、短视频、2B三个核心方向，2019年主要收购了音乐领域的Jukedeck。

## 第二节　新媒体背景下IP产业的发展

现如今网络科技发达,新媒体的发展需要借助IP,IP的发展也离不开新媒体。新媒体的广泛运用以及高速发展让影视行业、动画行业的IP产业加速创新与创作。不断发展的新媒体,不仅可以带动社会经济的发展,并且也会给影视IP的创作者带来一些良好的机遇。一个优秀的IP所带来的经济产能以及文化传播效果是无限大的。例如世界上著名的迪士尼动画公司所创造的每一个IP都堪称经典,近百年来,每一个IP带来的经济产能以及文化传播的效应都举世瞩目,华特迪士尼公司每年更是有高达几百亿美元的营业额,这都得益于IP的创作。

新媒体从被科技创造者们开发出来的那一天,它就与传统媒体相互融合。即使在新媒体在高速发展的时候,也没有摆脱与传统媒体之间的关联。新媒体可以让人们在互联网上非常及时地传播信息,而且信息传播的渠道具有多样性、海量性以及传播方式的灵活性。随着社会的发展、转型和科技的进步,人们对于精神食粮的需求日益增大,因此,影视行业和动漫行业的IP市场需求也在不断地扩大。国家方面也非常看重影视以及动漫IP的创作,出台的各种政策也使得这两个新名词渐渐出现在大家的视野中。IP一词的全称是"Itellectual property right",即知识产权,其主要目的是保护每个人的各类智力成果权。近年来,在影视行业与动漫行业的蓬勃发展下,IP的概念也逐步地市场化、规范化。IP的概念已经不仅仅是智力的成果权,同时也是形象的本身,作品传播的媒介。在对自己的IP进行传播、宣传的时候,可以通过微博、抖音等受众多、浏览量大的新媒体平台,进行投票或是互动评论的形式,与受众进行直观的交流。

### 一、新媒体的现状及发展意义

媒体是指人与人或人与事物之间传递信息的渠道和媒介。在如今这个网络科技发达的时代,人们的生活离不开媒体的发展。人们需要借助媒体获取他们所需要的知识,因此越来越多的人投入这个桥梁的发展中去,也是为了方便人们造福人类,促进社会文明发展。当今社会,互联网和无线通信网的飞速发展让越来越多的人开始不仅仅可以通过电视、报纸和书籍来了解时下的最新信息,科技的进步让人们随时随地都可以拿起自己的智能手机、平板电脑。随着网络编辑全世界,来自世界各地的信息也会通过网络飞速传播。传统媒体的传播方式,是通过定期发行的报纸、杂志(周刊)或是广播、电视,此外,还有户外媒体,例如路牌、灯箱等广告位。它在传播的时间以及空间上有一定的局限性,也无法让用户自行选择所感兴趣的内容,用户在体验感受上相对被动。

而在科技推动下的新媒体,可以经由互联网、有线网络、无线通信网等渠道和电脑、手机、数字电视机等终端,在集声音、图像、动画于一体的同时,让用户可以在互动中,有选择地欣赏当下的新鲜事物。由于新媒体的传播速度快,在短时间内,世界上拥有网络的任何一个角落,就可以得知这个信息。新媒体的优势,不单单在于它获取信息的便捷,更在于它可以通过后台统计大数据至云端,从而可以精确分析每一位用户的兴趣,但是用户们的兴趣,借助大数据云平台推荐他们所感兴趣的内容。新媒体就有非常多的优点,例如有很强的时效性,更新速度快,成本低,这些优点使它拥有更多的受众者。

新媒体与传统媒体的区别是改变少数人说多数人听的格局,实现了多数人说多数人听的新局面,这也就是说新媒体具有舆论的功能。舆论的界定拥有着多样化的特征,舆论由民众、事件和每一位民众的意见所组成。信息在传播的过程中,随之而来的就是舆论的产生。人们对于某一件事物的看法和观点组成了舆论。娱乐也是新媒体的一个重要功能。人们每天都会浏览各种新媒体的软件,来丰富、娱乐自己的业余休闲时间,丰富自己的精神生活。新媒体不光局限于微博或是知乎,在音乐软件、网络游戏、网络文学的平台,也是舆论产生的主要场地。而我国在这些类型平台上的主要用户集中在三十五岁左右或以下,大学生更是占主体。休闲娱乐也成为新媒体的主要功能之一,它已经融入了年轻人每日的生活当中。在休闲娱乐的同时,文化传播也是新媒体的重要组成部分。通过形式多样的新媒体平台,可以实现文化传播的多样性,使得文化传播走得更远,被人们了解得更深。人们通过新媒体平台了解不同的文化,不仅可以使得受众积累更多的知识,使得社会文化提升一个层次,更给传统的文化带来机遇和挑战,从而衍生出更多新文化。

## 二、IP 现状及发展意义

IP 原指知识产权,现在它已经成为一种经济载体。例如,把小说变成电视剧、电影、游戏、周边产品等。国外的几部较为成功的电影,如《指环王》《哈利波特》《暮光之城》等,他们在开播之前,他们本身的书籍也是非常多人去阅读的,这也成为他们票房高的基础。而从目前来看,电影和游戏两项是 IP 最多运用的模式,粉丝众多,收益较高。以漫威电影为代表的 IP 为例,现在已成功打造了漫画、电影、游戏、周边产品等完善商业链条,模式趋于成熟。相关数据显示,仅 2008 年,漫威仅国际授权商品的零售额就高达 57 亿美元,其 IP 经济的影响力可见一斑。目前市场上大家所常言的 IP,其实大多数是指产品、IP 形象或是一个作品,并不是真正意义上的知识产权。

近几年,网络高速发展普及,同时国家出台品牌计划等支持原创 IP 产业的发展,我国国内也开始大量涌现原创 IP。传统文学影视艺术产业中,通常是按照从文学动漫、动画电影再到游戏,这是常规的艺术产业顺序。而近年来新媒体在网络普及下的高速发展则打破了这一顺序,双管齐下甚至多管齐下的情况也极为常见,并且这些突破创新也在各个新媒体平台上得到了很好的反馈。例如一些漫画与影视动漫并行,并同步产生了手游。让接受者在各种方面都可以接触到自己喜欢的 IP,一步步地给接受者带来心理以及情感上的渗透,加深接受者对 IP 的情感,一个优秀的 IP 所带来的情感是可以绵延不绝的。IP 创作者和 IP 的受众接受者可以通过新媒体平台进行交流,不仅有益于受种者对作品的理解,更能使 IP 创作者从中获取一些灵感。影视作者就可以通过与受众的交流,更加了解受众所喜爱的作品是什么样,让受众中呼声高的有益建议成为作品中的一部分。新媒体平台的交互性特征极大提高了影视创作作者与受众之间的交流和互动,使受众在交流的过程中加深对影视作品的印象与认知,同时也会扩大影视作品的社会影响力。

## 三、新媒体背景下的 IP 的新发展

新媒体不仅加速了媒介融合的进程,而且还成了媒介融合的有力践行者。形式多样,内容丰富的新媒体拥有了越来越多的受众用户。产生了新媒体,就会产生人们对于某一件事物的看法,这些看法往往是不统一的,甚至可能是双向的,这就组成了舆论。也就是说,新媒体的出现,推动了舆论的产生,在舆论中,IP 热度也就随之升高,被越来越多的人所关注。在我们生活中,最常见的微博、知乎或是微信就成了主要的舆论热度聚集地。一般来说,想要 IP 在新媒体平台上发酵,形成一个舆论,首先最重要的就是公众。参与其中的人数越多,IP 的传播力度以及事件的热度也就越高,影响力也就更强。如果说 IP 无法吸引公众来参与其中表达自己的意见和看法,舆论的热度及其影响度就会下降,其时效性也会受到影响。新媒体对于时间以及空间完全没有局限性,公众在对同一件事物的表达过程中,会逐渐形成几类主流的舆论,推动 IP 热度的上升。

新媒体的开放性和及时性,让每一个舆论在形成的时候就开始在其所提供的网络平台上广泛传播,大大提高了舆论的影响力以及舆论传播的速度。与此同时,我们应该注重引导舆论向好的方面发展。积极遏制不好的言论、不正当、不积极的言论出现在新媒体平台上,将风向引导向一个健康积极向上的方面发展,才能使新媒体成为一个对社会和人类有益的事物。

## 四、新媒体与 IP 结合的未来发展

新媒体传播速度快的特点,使得信息具有实效性。所以 IP 或是微电影视频创作开始成为新媒体上的创作主体作品。制作 IP 或是微电影视频的周期短,可以紧扣时下的热点事件,为人们宣传主流价值观念、倡导社会主义核心价值观提供了重要的平台。有助于引导广大民众在娱乐生活中接受正确的价值观信息,潜移默化中接受社会主义核心价值观的教育,从而为社会凝聚更多的正能量与人民的凝聚力。对于 IP 创作者与影视的传播来说,吸引广大民众参与其中是重要的目标,而对于处于新媒体环境下的影视制作,就必须满足广大受众的主动需求,也就需要广大受众参与到影视作品的制作当中来,通过与受众的交流,了解受众需求。契合了当今在新媒体平台上,受众广泛参与的实际情况。受众可以自己选择感兴趣的节目或电影进行下载、观看,让选择更多样化,这也就迫使创作者更要做

出能被大众接受或是大众所感兴趣的作品。从原先的单线传播转变为双向且具有互动性的传播方式，让更多的受众从原先的信息接受者身份转为影视创作者和传播合作者。但是新媒体平台对于影视IP制作来者来说并不是最为重要的，他们更看重于实现网络微电影IP的精品发展，它的发展更能够吸引大众的眼球，从而对影视的传播具有更深远重大的影响，所以影视IP制作者应该从多个角度、多个层次、多个方面发展网络微电影，从而实现良好的创作和传播。在如今这个淘汰速度快的新媒体平台上，不断创新，引入新的设计理念，挣脱单一平台的限制，不断强大自己，可以使自己的影视IP创作走得更远，站得更高。

## 第三节　新媒体产业发展的制约因素与发展

随着社会经济的发展，新媒体产业已经成了我国传媒产业的新生力量，并引领着文化传媒领域向更深的方向发展。目前我国的新媒体产业处于快速发展的时期，市场化相对集中。我国的新媒体产业的市场绩效主要依赖市场，进一步的发展也是不断取决于互联网的增值业务而定的。新媒体的发展是随着国家以及战略的发展而不断发展的，对新媒体的产业发展已经成了传媒领域重要的问题。

新媒体产业能够推动国家的文化产业发展，并成为国民经济比较重要的一部分，新媒体的产业发展是文化产业中比较重要的形态。本节将从实际出发，探讨新媒体产业在中国的发展现状以及发展特点等问题。

### 一、新媒体产业在中国的发展现状

国家实力的发展主要体现在经济硬实力和文化软实力，文化软实力的发展相对比较滞后，我国的文化软实力与经济硬实力之间还存在较大的差距。目前，我国文化产业在国民生产总值中占据着重要的比例，但是依然低于西方国家。新媒体产业作为一种新兴的战略性产业已经成为文化创意中的重要支柱产业。因此，我国必须重视新媒体产业，提高我国的文化软实力的竞争。

我国新媒体产业的发展现状主要是总体市场规模不断扩大，新媒体企业不断增长，新媒体企业正在稳步发展并且日益规范。新媒体业务之间开始呈现跨平台式的融合发展，并且取得多赢的发展效果。移动互联网正成为企业稳步发展的新宠。为了促进我国软实力的发展，加快新媒体产业的发展进程，我国出台了很多政策为新媒体产业保驾护航，新媒体产业的发展政策正在逐渐拓宽。

我国的新媒体产业除了知名的传媒网络之外，主要存在的是一些中小规模的企业，产业集中程度比较低，不能够满足新媒体产业在社会的发展下对资金和对技术以及人才等多方面的发展要求。新媒体产业的两极分化比较严重，一边是以免费使用为基础的社会企业，一边是以赚取高额利润为产业基础的商业企业。所以在这种竞争压力下，新媒体产业必须进行技术的创新。我国未来的新媒体产业的结构将会演化成更大范围以及更深层次的垄断局面。

## 二、我国新媒体产业发展存在的问题

### （一）新媒体产业的原创力度不足

新媒体产业最近几年如雨后春笋生得遍地都是，但是随着社会的发展用户的需求量也不断提升，产品具有高度的差异化。我国的新媒体产业无论是信息处理平台还是发布平台，都对传统媒体具有很高的依赖性。新媒体产业最重要的特征应该是供给，以独特的创意吸引消费者。但是当下产业文化商品令人眼花缭乱，受众并不明白自身的价值，产品也没有较高的认同度。在这种形式下，新媒体为了求生存赚取点击率和浏览量，在运营的过程中违背自己的良心，违背社会法律的发展需要从事一些内容低俗的活动。恶性竞争，带来了市场信息泛滥以及信息同质化现象。

### （二）市场销售渠道不畅通

新媒体产业的产品制作周期较长，产品的价值实现需要一个漫长的过程，存在太多不确定因素和较大的风险。因此，在新媒体产业发展的过程中，因为新媒体的制作成本较高，一些中小新媒体企业经受不住制作成本高额的情况，不愿单独购买导致产品的质量不断下降。另外，由于市场竞争会造成市场的销售渠道不畅通，一些新媒体产业太过分散无法及时调动资金，由于缺乏高素质的人才和技术要求导致新媒体产业的发展更加无法满足社会的需求。

### （三）缺乏相应的法律法规

新媒体产业涉及文化、广电还有新闻等多个方面，但是目前我国市场还没有相应的管理措施，存在很多管理漏洞。随着新媒体技术的不断进步和发展，我国的新媒体市场运营亟待出台相关法律法规，解决新媒体产业运营的问题。

## 三、新媒体产业发展对策

### （一）提高思维创新和内容创新

新媒体只有将思维创新放在发展的正轨上才能构建学习特色，才能寻找到能适应自己发展的传播模式。对于新媒体产业的盈利，需要不断采取跨业联合，实现企业之间的资源利用。充分利用新媒体传播平台和传播媒体的权威内容资源，不断实现新媒体产业的传播模式的创新，以此促进社会效益和经济效益。新媒体的内容推送要能符合大众的文化品位，保证信息的传播效果最大化，以此促进效益的提高。新媒体产业的发展需要遵循市场竞争的要求，能在发展中寻求稳定进行创新，树立自己的品牌形象和品牌价值，以此提高企业的竞争力。

### （二）多渠道发展形成产业链

对于新媒体来说，产业的商业价值和价值影响力不但取决于产业内容，更多的是与交易传播渠道相融合。一旦传播渠道被抑制，产业的商品价值就无法体现。只有当产业的渠道不断发展，产业内容和产品的制作才会拥有雄厚的资金市场。因此，新媒体产业的发展必须调动产业要素间的互动和融合。相对传统的产业，新媒体产业的环节更加复杂，因此新媒体产业的发展必须实现全球联合和合作的产业链，这也是促进经济和技术等要素在国际化市场中发展的前提。

### （三）完善政策机制

目前引导我国的新媒体产业政策的发展还比较滞后，因此必须建立相关的法律机构和文件制定新媒体产业政策，能够有效管理产业发展，促进新媒体产业的商业性质与公共服务性质之间的发展，为新媒体的发展提供政策保证。我国的新媒体产业机制目前发展还不成熟，因此政府相关部门必须借鉴国外的经验，再结合我国的发展需求完善市场政策机制，促进我国新媒体产业向着优良的方向发展。

### （四）实现媒介融合

新媒体产业要想在未来不断发展，必须走融合的道路，以此形成集约化发展。新媒体产业的发展需要结合传统媒体和新媒体之间的融合，这种融合包括信息融合、资本融合还有技术融合等，以此实现新媒体产业之间的资源共享还有风险控制，使产业发展的成本降到最低，同时又能受到高利润的双创收。利用法律法规不断规划新媒体产业的制度化发展，以此消除媒介融合下的体制障碍。

新媒体产业的发展主要在互联网的支撑下发展的新兴媒体。为了促进新媒体产业的发展，推动我国的软实力的提升，必须建立能够促进市场竞争的规范，保证市场化运营处于规范的环境之下。企业应该结合内部资源，与全网资源进行有效的整合，降低经营成本提高经济效益。企业应利用资源进行整合，将更多的社会资源内化为共享资源，再结合受众的需求进行开发整合和运营服务，生产出受众青睐的产品。通过对新媒体产业内容的提升，促进产品更深入、长久的发展。同时，市场运营必不可少的就是宏观调控。因此，我国必须完善政策机制，促进新媒体产业向着优良的方向发展。利用法律法规消除媒介融合的体制障碍。

## 第四节 中国视听新媒体产业发展相关分析

当前，我国正处于视听新媒体发展的鼎盛时期，虽然视听媒体发展的时期较短，但是它的发展速度却很快。作为一种相对独立的媒体形态，视听新媒体的发展以视听内容为核心，借助互联网等多种技术达到传播效果，对现在的媒介格局产生了深远的影响。随着世界的视听新媒体融合化和宽带化进程的加快，视听新媒体将会在未来向着更加优良的环境方向发展。

视听新媒体的发展时间不长，但是借助当下的技术以惊人的速度加以传播，形成了新的传播理念，对世界的传媒格局和文化发展都产生了深远的影响。随着国家媒体产业的发展，广电媒体产业的发展能够提升新媒体的整体实力。

## 一、视听新媒体当下的发展格局

中国视听新媒体是新媒体与传统媒体、通信、广播影视等相互融合后，呈现出一片生机勃勃的现象。当下的视听新媒体主要以发展消费者视听体验作为基础，使产业不断向全媒体和经营的方面发展，逐渐形成包括内容提供还有网络服务等完整的产业价值链，逐渐呈现出多元化竞争的局面。

视听新媒体已经逐渐成为重要的主流媒体，逐渐从媒体格局边缘转变成媒体中心，在这一过程中呈现出为小众服务、面向全球进行传播的特征，能够对受众的选择起到解放的作用，满足了当下人对社会生活的理念。因此，视听新媒体受到消费者的强烈欢迎。

## 二、视听新媒体发展的问题

### （一）催生产业链重构

在媒介日趋融合的大时代背景下，媒介的市场价值链被逐渐拉长并加宽，视听服务产业链也开始了重构。媒介的市场价值产业链，主要是围绕传播内容和传播的发布和最终受众的消费来展开的，但是视听新媒体和传统媒体之间存在明显的差异，主要体现在媒介的传播方式、传播终端消费等方面。随着媒介逐渐融合，视听新媒体的价值链开始重构，主要在原有的价值链上将内容拓宽，在内容领域加入传输渠道的服务等，使价值链由原来的一条变成现在的多条。视听新媒体的产业链的重构的有力证明比如有些电视公司收购互联网运营商，将互联网提升成为具有视听服务的产业。

目前，我国的视听新媒体的发展内部特征主要呈现在产业链上，在产业链运营的各个环节都能够根据自身的发展特点完成对产业链的整合，在产业链运营的各个环节都能够根据自身的发展特点完成对产业链的整合，导致合作双方因为利益问题而产生利益冲突。视听新媒体的产业链因为涉及的行业较多，所以相对传统的产业链更加多元。当媒介主体因为利益冲突开始拥有较多的价值诉求时，对于产业协作也有很多的困难。

### （二）产业链的环节发展不平衡

产业链的内容环节发展速度比内容发布渠道相对较为滞后，在视听新媒体产业链发展中，内容环节开始处于新媒体产业链发展的前端，正如美国、日本等发达国家大力兴盛内容产业，以较强的视听媒体内容占据着国民经济的重要地位，相比较之下中国的视听媒体内容就显得没有那么突出和强势。

近年来，我国的视听新媒体用户逐渐增加，但是媒体内容发展依然跟不上步伐，产业链的环节发展不平衡。例如，网络上的视听节目，以传统的电影、电视剧还有网民自娱自乐的视频制作为主，真正具有艺术性和具备专业能力的作品极少，视听媒体的内容发展始终低于渠道发展的进度。针对产业链环节发展的不平衡，需要重视内容环节的地位，不断促进产业链的发展。

### （三）缺乏相应的政策支持

我国对主流媒体开办的新媒体的政策缺乏相应的扶持力度，主要的资金支持都用在中央上，地方媒体缺乏较多的政策支持和财务支持。因此国家必须重视新媒体内容提供商的支持力度，提高新媒体内容的多元化，帮助新媒体业务朝着更加健康的方向发展。

## 三、发展视听新媒体产业的途径

随着社会经济的不断发展，受众的信息需求越来越高，新媒体的发展的未来道路也一片光明。中国视听媒体在未来将会显示出更大的趋势，随着网络环境的改善，视听新媒体产业的发展更具规模化和集约化。因此，必须通过对视听媒体的战略布局进行调整，提高视听新媒体在广播影视产业和文化产业中的地位，促进视听新媒体的可持续发展，提升视听新媒体在整个网络媒体中的地位。

### （一）政府加大政策扶持力度

针对视听新媒体发展中出现的问题，政府必须对视听新媒体加大资金投入和政策支持。对于视听新媒体产业的政策，需要制定出相关的政策实现视听新媒体的发展，以此加快市场机制的融资渠道，主要利用金融工具实现与资本的对接，同时结合国外的财税政策的经验。

在内容生产方面，需要设立政策扶持新媒体产业，提高视听新媒体的创新能力，而不是一味地模仿和转载，鼓励视听新媒体在节目内容上创新打造出全新的节目形态和有自己特色的内容品牌。

### （二）提高视听新媒体的文化价值传播力度

在网络广播影视的领域，不断对资料进行整合，最终慢慢拥有多家属于自己的主流媒体的机构，以防面对重大事件时能够发挥出主流媒体能引导舆论的优势，以此实现传统媒体的竞争力以及传播技术的融合。面对传播主体的多元化特征，能发挥出自身的主流地位。其次，应该顺应视听新媒体的发展态势，引导视听新媒体与民营的媒体进行合作，以此提升视听新媒体的文化价值，扩大文化价值的传播力度。

## （三）平衡产业价值链的各个环节

建立公平的视听新媒体的发展环境，运用相关的法律法规对视听新媒体的内容中存在版权盗取等现象加以查处，保证视听新媒体的发展有一个良好健康的发展环境。同时，必须积极落实国家的政策，提高视听新媒体的主导地位，扩大产业之间的联系，以此加强产业链内容与传播渠道之间的联系，努力协调好媒体传播内容以及媒体企业的合作。为了实现内容的健康传播，必须建立良好的合作关系，逐渐扩大视听新媒体的产业规模，平衡好产业链各个环节之间的关系，最终实现共同发展。

经济的发展促进了视听新媒体的不断发展，虽然视听新媒体的历史不长但是发展速度快，在我国有光明的发展前景。但是随着技术的不断进步，视听新媒体还将呈现出更加多元的发展态势。因此，政府必须以政策支持和财务支持保障新兴产业的发展，对视听新媒体的传播内容加以严格管控，防止低俗的内容流入市场，促进产业的各个环节的平衡发展，以此促进媒体内容文化价值的传播力度。

## 第五节　互联网文化创新与新媒体产业发展

在互联网环境下，较多行业都面临严重的变革，使得行业发展符合人们的基本需求。在对互联网文化进行创新的过程中，需要将其与新媒体产业相结合，使得产业发展能够与互联网整体发展相结合。互联网文化与新媒体产业的发展存在一定的相互作用，数字网络及广播等的发展为互联网文化的创新提供推动力。而互联网文化的创新又使得新媒体产业的发展形式更加多样化，对于现代化社会的整体发展有较大的促进作用。

在对新媒体进行分析的过程中，首先需要明确其定义，在此基础上，对新媒体产业的发展进行探讨。我国在发展新媒体的过程中，实际是对传统媒体发展的一种优化及延伸。就传统媒体发展而言，报纸、广播及图书等传播形式都可以看成媒体的概念，而新媒体则是建立在媒体基础上的一种更加符合现代化社会发展需求的形式。现代人在接受信息的过程中，通常需要以互联网为介质，使得信息能够以电子传输的形式被表达出来。但是实际上，人们对新媒体的概念并不明确，在对其下定义的过程中比较模糊。一般来说，可以将互联网电视及新闻客户端等看成新媒体，还能够将视频类网站及APP等看成新媒体。所以，在对新媒体进行定义时，就需要将其看成是在传统媒体基础上，应用现代化科学技术对其传输方式等进行优化的一种媒体形式。

在对新媒体进行传播的过程中，需要明确其传播方式，使得人们能够了解其传播优势，增强新媒体的实际应用。在对新媒体进行传播时，可以利用双向传播的方式，使其具备较强的互动性。这点与传统媒体传播存在较大的差异，其不再是被动传输，而是能够对其传输形式进行动态调整。在对新媒体进行传播的过程中，其不会受到时间及空间的限制，能够使得受众参与其中。新媒体形式多样,其中以微博、微信等为主,在这些平台上,受众可以进行自由交流,展现自身的个性。在对新媒体进行传播的过程中,受众还能够自主表达自身的特长及爱好,使得信息能够被广泛传播,强化新媒体传播的个性化。在现代化社会发展的过程中,无线技术逐渐成熟,在较多领域都有一定的应用,因此,新媒体传播能够利用无线技术进行无线传播,实现移动传播效用。在这个过程中,人们能够利用手机终端接受信息,对视频、图片等进行浏览,还能够收听音乐等,使得新媒体传播能够体现较强的感官冲击。新媒体传播速度较快,使得传播时间缩短,使得受众在短时间内接受信息。这些传播方式及优势使得新媒体的发展更加迅速,为其与互联网文化的结合提供了基础。

目前,新媒体产业的发展以数字化技术、计算机网络及互联网技术为主,在对信息进行传播的过程中,主要依托于网络及智能手机、移动电视等。近年来,我国新媒体产业的发展比较迅速,互联网金融及广告行业等的发展较快,企业整体营业额逐年上升。互联网广告相比电视广告来说,发展速度更快,在广告市场中占据更高的份额。在人们对智能手机的依赖性逐渐增强的过程中,移动广告的发展也逐渐加快,为互联网广告行业的收入做出了较大的贡献。在这种情况下,新媒体产业开始出现市场并购,使得其中的缺陷逐渐暴露出来。但是互联网广告的优势还是比较明显的,能够使得新媒体整体发展不偏离现代化市场的整体发展。在当前发展新媒体产业的过程中,政府放宽了市场并购政策,促使互联网行业开始进行大规模并购,导致互联网生态逐渐体现。但是要使得新媒体长久发展,还是需要对这种现象进行抑制,减少巨资收购,使得项目估值稳定性得以保障,增强新媒体产业的可持续发展。

## 一、拓展互联网专业新闻版块

在新媒体发展的过程中,需要对传统媒体进行创新,使其能够与互联网文化的创新统一起来。虽然现代化社会的发展使得新媒体产业的发展有更多的平台,但是人们在阅读新闻内容的过程中,还是容易产生审美疲劳。主要是,新闻版块的形式千篇一律,在新媒体产业发展的过程中,经常会带有浓重的信息技术气息。虽然这种发展方式是不可避免的,但是长此以往,其还是难以在市场中稳定发展。在对互联网文化进行创新的过程中,就可以对专业新闻版块进行分析,调节版块形式,使得新闻内容更加丰富,形式更加多元化。在这种创新的形势下,受众能够体会到更加立体的视觉感受,将新闻信息转变为图片、视频等。现代化社会的发展使得互联网中充斥的信息质量良莠不齐,受众在接受信息的过程中,可能会看到虚假新闻,导致新闻舆论偏向发生变化。行业就需要对这种现象进行整治,利用互联网对专业新闻版块进行拓展,使得受众能够接受多方面的经济、军事及体育等新闻。虽然利用互联网对信息进行传播能够加快传播速度,但是其中还是受到现代社会发展的影响,其中存在部分虚假信息。因此,就需要结合传统媒体的严谨性,使得互联网新闻版块能够得到净化。

## 二、打造互联网广播模块

互联网广播在一定程度上促使了现代信息技术的发展，其中以云计算、物联网等为主。在对技术进行应用的过程中，需要对其进行较好的融合，使其能够发挥具体作用。广播作为新媒体产业的重要内容，其发展能够使得新媒体相关内容具备更加多样化的特点。在对广播模块进行创新的过程中，需要结合互联网的创新思路，使其能够借鉴互联网文化，增强广播媒体的发展。在对广播模块进行打造的过程中，可以利用互联网的终端，将信息传输到手机、电脑灯移动终端，使得受众能够了解到更多的有效信息。在我国现代化社会发展的过程中，受众对于信息数据的需求逐渐升高，对于广播媒体来说，一旦其不能够在传统传播方式上进行创新，就容易使得受众降低兴趣。究其根本，广播行业需要与移动互联网进行合作，利用其中的语音技术、车联网技术等，使得广播传播途径得到创新。这种方式不仅能够促进广播行业的发展，使得新媒体以新兴形式进行多样化的呈现。还能够使得受众的体验得到提升，使得人们的生活质感得到提升，在一定程度上改变人们的生活方式。

## 三、融合互联网与视频模块

人们在利用现代化生活方式开展工作、学习及生活活动时，经常需要依托图片、音频及视频等，利用这些途径增强活动乐趣。人们的这种需求能够在一定程度上使得新媒体产业的发展更加迅速。由于现代人的生活水平逐渐提升，其在生活中逐渐注重自身的精神享受，视频传播就是一种能够调动受众积极性的新媒体形式。在发展新媒体产业的过程中，可以将互联网与视频模块进行融合，使得视频传播形式更加多样化。视频类型一般较多，受众在观看视频的过程中，可以自主选择自己感兴趣的内容，还能够通过移动互联网终端发表言论。就我国当前的发展情况来看，新媒体以视频为主，各大视频网站近年的发展势头较好，市场竞争逐渐激烈。在传播视频的过程中，经常需要依靠互联网，使得人们可以在手机及电脑上观看视频内容。在新媒体行业发展的过程中，可以适当融入互联网技术，使其发展前景更加可观。但是部分新媒体文化产品质量不佳，在传递相关信息的过程中，会产生不良的社会影响。因此，需要融合互联网文化，对其形式进行创新，使得新媒体产品质量得到提升。观众在观看视频时，经常无法自动过滤垃圾视频。新媒体在发展过程中，就需要开发相关的软件，使得受众能够在视频网站上自动过滤垃圾视频，传播正能量，加强互联网文化创新与新媒体产业融合的效用。

## 四、互联网文化创新与新媒体产业发展趋势

近年来，我国互联网文化创新与新媒体产业发展逐渐迈上了新的阶梯，主要在于市场经济的发展使得互联网逐渐产生变革。我国较多行业都在对市场经济的变革进行分析，使

其能够在当前的基础上更上一层楼。互联网平台逐渐推出多样化的新媒体发展规划，利用客户端 APP、微博及微信等就能够使得新媒体相关业务更加广泛。微信公众号的发展使得新媒体产业的发展逐渐提升，微博自媒体平台建设的加快也使得新媒体的优势逐渐体现出来。我国在寻求商业发展机会的过程中，已经逐渐将互联网与新媒体结合起来，实现商业模式的变革。互联网文化创新使得新媒体产业的发展有了更多的选择。在对产业发展数据进行分析的过程中，都需要以互联网技术为基础，融合相关的文化，使其更加符合现代化社会的发展需求。因此，在对互联网文化创新与新媒体产业发展进行分析的过程中，就需要看清市场形势，利用互联网平台，打造"大数据"时代。就整体发展而言，互联网文化创新与新媒体产业发展前景较好，能够使得传统媒体更加多样化。其不仅能够丰富媒体形式，还能够使得新媒体相关内容及信息、数据等更加符合受众的口味，对于加强集群模式的规模有较大的促进作用。

在发展互联网文化创新与新媒体产业的过程中，需要对其进行较好的融合，使得新媒体产业发展能够利用互联网相关技术。在这个过程中，可以将互联网与广播、新闻及视频模块进行融合，使其推出更多的文化产品，提高产品质量，体现互联网文化创新价值。

## 第六节　新媒体产业发展中本土化与国际化

本土化与国际化，是当代文化传播的重要课题，也是目前方兴未艾的新媒体产业发展过程中需要研究与思考的重要课题和前沿问题。在文化创意产业领域对这一问题进行研究的文献和著作不少，但面向新媒体产业的发展需求进行针对性的研究与思考尚显不足。

丹纳在其《艺术哲学》中提出"环境、种族、时代"是影响艺术创作的三元素，罗兰·巴特在《符号美学》中说"不同的文明发展了供它使用的不同的语言"。艺术总是带有本土化文化的印记，而当下的新媒体艺术也概莫能外。诸如近年来风靡全球的网络卡牌游戏《三国杀》、首发于 ios 平台的触摸类游戏《疯狂的小鸟》，乃至新媒体发展初期的 flash 网络动画《流氓兔》，都是在全球化蓬勃发展的今天，把带有本土印记的文化产品，通过国际化的包装和营销走向世界，与国际接轨的。

需要注意的是从本土走向国际，也是由个性走向共性的开始，本土化的文化独特性将逐渐产生新的异构。新媒体产业在世界范围内发展的同时，如何处理好本土化与国际化这对矛盾，如何使本土文化被国际市场接受，而又保持本土文化的独特性和本真性，不让他国受众产生误读，也不让本土文化丧失个性，是值得思考的问题。

首先，新媒体产业本质上就体现着本土化与国际化的结合。一方面，新媒体产品总是带着明显的地域特征、国家印记，Facebook、YouTube 乃至借助新媒体技术喷薄而出的 3D 立体特效电影《阿凡达》、4D 体验电影《辛普森一家》等之所以成为当代美国文化的代言者，是因为其新媒体产品总是体现着美国人的精神气质和思维方式，借助新媒体传播平台的影响力来塑造其国家形象;《三国杀》卡牌游戏通过通俗易懂的形式和具有东方魅力的故事,在轻松欢快的游戏竞争中渗透着中国传统的价值观,输送着中国的文化蕴含。另一方面,新媒体交互技术始终是新媒体产业存在和发展的基础,也是吸引新媒体产品用户最根本的要素。新媒体交互技术因其能够实现人类全感官直接体验而使新媒体产品具备了不同于以往任何媒体产品的影响力,它能够快速积聚并引起品牌效应,从而能够以瞬间覆盖效应代言一类产品、一个企业甚至一个国家。2010年因iphone、ipad而开始风靡全球的"苹果"热至今势头不减。"苹果""乔布斯"不仅仅标志着新媒体产品的巨额利润和新媒体产业盈利模式的创新,更是一个必将载入史册的符号。这个符号,也不仅仅标志着一种产品或一个品牌,而是表述着一种思维、一种文化理念甚至文化梦想,从而使其成为能够打破国界、为不同民族所共同理解的语言,使得它所蕴含的文化被其形式所流露出的或轻松欢快,或可爱活泼,或时尚简练的国际化形象所感染,释放出独特的、具有吸附力的文化魅力,从而融入能够为全人类所共享的文化宝库。

其次,新媒体产业的发展有赖于其文化创意产品具备了本土化质素与国际化质素的平衡。无论新媒体产业发展中需要如何配置本土化质素与国际化质素的比例,但有一点是明确需要坚持的,那就是在保持本土文化本真性与独特性的前提下,最大化地实现本土文化传播的国际化深度与广度。我国伟大的思想家、文学家鲁迅早在其《致陈烟桥》一文中就说"有地方色彩的,倒容易成为世界的,即为别国所注意。打出世界上去……"①国外新媒体产业可谓深谙此道。

总部设在法国雷恩、成立于1986年的育碧游戏软件(Ubisoft Entertainment),在1990年就成功进军美国发展成了一家跨国公司。在之后的十年中,其工作室已遍及美、亚、非、欧、澳各大洲,多达260多家,仅在中国就有上海、北京、成都三家工作室。"育碧游戏软件"目前不仅是全球排名位列第三的电动游戏开发商和独立出版商,而且也因其自主开发的诸多教育类、游戏类软件而成为新媒体领域引人注目的品牌标志。"育碧"所开发的游戏软件,既有取材于古日本民间传说的《魔幻鬼武士》、取材于古巴比伦文明的《创世纪战》、取材于古中亚文明的"波斯王子"之《武者之心》《王者无双》《典藏合集》和取材于希腊化时期历史事实的《亚历山大大帝》,也有取材于"二战"著名战役的《捍卫雄鹰》《皇牌空战》《太平洋飞将》《炽天使》《手足兄弟连》等,更有融合了《圣经》故事与欧洲文化名著或神话传说的《罗马:全面战争》《混沌军团》,甚至有把中国的文化元素发挥到淋漓尽致的《孤岛惊魂》。《孤岛惊魂》不仅通过捕捉中国古典审美元素打造了具有东方韵致的美丽古国,而且直接吸取了"郑和下西洋"的历史事实,使数字娱乐的国际化范式具备了浓郁的中国古文化体验,从而为各国玩家所欢迎。并不止于"育碧游戏软件",美国、韩国、英国等在新媒体领域获得重大成功的品牌企业无不如此:在他国民族化的故事或文化元素中植入全球化的普世精神理念,再加上新媒体国际化的时尚包装和成熟的运营传播。这种模式很好地平衡了新媒体产品中的本土化质素与国际化质素,既满足了用户对民族化故事和地域文化元素的好奇心,又在不知不觉中实现了本国文化价值的渗透和传播。被称为"日本迪士尼"的宫崎骏动画，如《龙猫》《千与千寻》《哈尔的移动城堡》《借东西的小人》等，表面看似在探讨环保、人性等国际化的主题，但其内在展现了日本特有的自然环境、家庭伦理、民间传说、历史遗存及日本节化中的精灵或者日本节化中的神秘现象，使世界各地的观众在思考动画片中所提出的社会问题、人性问题的同时，也潜在地受到了日本节化的浸染。

"育碧游戏软件"与"宫崎骏动画"，前者借他国文化元素吸引用户，也就是借国际化的元素来实现本土价值的有效传播，可以说这是一种借用国际化形式传播本土化内容的发展模式；后者以世界普遍关注的环境、人性等热点话题为探讨主题，以本土化的形象和场景来吸引用户，满足世界范围内用户的好奇心，可以说这是一种借用国际化的话题来传播本土化的文化形态的发展模式。前者是国际化的形式，本土化的内容；后者是国际化的内容，本土化的形式。但所谓"条条大路通罗马"，两种模式都达到了应有的目的：前者把本土化的价值观渗透给世界观众，后者展示了本土神秘的文化符号、宜人的自然环境和善良友好的民族形象。

由此看来，在平衡本土化和国际化的过程中，无论是本土化的内容国际化的形式，还是国际化的内容本土化的形式，目的都是通过新媒体产品的艺术化创作和新媒体产业的有效运作，使得本土文化能更广泛地传播。一个国家面向世界所推出的具有话语权的新媒体产品，实际上都是在塑造其默认的文化形象。而这一产品在市场上的被消费数量在一定程度上说明了所传播的文化的国际化广度，这一产品在市场上所产生的受欢迎程度则证明了这一文化被接受的国际化深度，二者有机结合才有可能在无形中塑造出特定国家的文化形象，也才能体现出特定国家的文化在世界上的影响力和认同度。尤其是对于心理可塑性比较强的少年儿童来说，传播效果尤其明显。伴随着ipad用户的几何级增长，基于日本"忍者"文化的移动终端触摸类游戏《水果忍者》、基于欧洲中世纪"剑与魔法"情结的3D动作类游戏《无尽之剑》等，赢得了跨年龄段的世界性用户的喜爱。而这些新媒体产品所裹挟的精神内核却正是典型的美国意识。伴随着一款款这样的新媒体产品在世界性用户中的风靡，"美国意识"点点滴滴在广大用户的心里浸润。因此，新媒体产品一旦在市场上取得成功，其文化影响力的扩大将不仅体现在地域空间的广度上，而且体现在文化时间的跨度上。

因此，中国新媒体产业在平衡本土化质素与国际化质素时，首先要以国际化的、世界范围内的用户乐于接受的方式来传播中国文化；其次要转变对新媒体产业的发展理念，即不能把新媒体简单视为文化宣传的工具，也不能把它当作"文化搭台，经济唱戏"中的配角，而是应该把新媒体产业发展思路转变到民族文化与国际话语一体化发展的路子上来。中国传统艺术注重创作主体的心灵表现，注重创作对象的气韵生动，注重韵外之韵、致外之致，而这些都只能通过心灵去感悟，通过艺术作品中所流露的生动气韵去传达。例如最近出现的基于移动终端的应用"地铁通"，就是将新媒体产业应用在了轨道交通中的人性化需求中，让人们不会再发生因为看手机、玩ipad而坐过站的事情。这样看来，中国新媒体产业和中国本土文化要走向世界，易读是关键、人性化体验是灵魂。如何提炼中国文化的精华，如何把优秀的本土文化展现出来，如何让全世界的用户易于理解、乐于接受，这是摆在中国新媒体产业国际化发展之路上的大问题，也是中国新媒体产业把握本土化与国际化关系时需要思考的关键点。

# 参考文献

[1] 王玉珠. 新媒体时代地方政府的舆论引导策略 [J]. 新闻爱好者，2010(16).

[2] 刘艳，肖峰. 传媒和政府借助新媒体平台的互动策略 [J]. 东南传媒，2010(5).

[3] 邓备，胡凯. 政府网站在舆论引导中的作用 [J]. 新闻爱好者，2009(2).

[4] 郑婧伶，徐炳全. 浅议政务微博对舆论场的引导 [J]. 传媒，2013(2).

[5] 彭兰. 网络传播概论 [M]. 北京：中国人民大学出版社，2012(3).

[6] 张蕊，洪金梅. 政务微博在舆论引导中的作用 [J]. 新闻世界，2012(2).

[7] 郭庆光. 传播学教程 [M]. 北京：中国人民大学出版社，2001.

[8] 师文静. 网络传播中"沉默的螺旋"理论分析 [J]. 青年记者，2009(5).

[9] 刘海龙. 沉默的螺旋是否会在互联网上消失 [J]. 国际新闻界，2001(5).

[10] 李良荣，张嫄. 新老媒体结合，造就舆论新格局 [J]. 国际新闻界，2008(7).

[11] 任景华. 关于突发事件应对中新媒体舆论引导的思考 [J]. 湖北社会科学，2012(9).

[12] 赵大伟. 互联网思维 [M]. 北京：机械工业出版社，2014.

[13] 张少元. 论新媒体对当前舆论监督格局的影响与变革 [J]. 新闻知识，2010(11).

[14] 吴敏. 提升新媒体舆论引导能力的思考 [J]. 东南学术，2011(5).

[15] 陈力丹. 舆论学——舆论导向研究 [M]. 北京：中国广播电视出版社，2005.

[16] 许静. 舆论学概论 [M]. 北京：北京大学出版社，2011.

[17] 申金霞. 自媒体时代的公民新闻 [M]. 北京：中国广播出版社，2013.

[18] 王来华. 舆情研究概论 [M]. 天津：天津社会科学院出版社，2013.

[19] 唐绪军. 中国新媒体发展报告 2015[M]. 北京：社会科学文献出版社，2015.

[20] 喻国民，欧亚，张佰明，等. 一种新传播形态的考察 [M]. 北京：人民日报出版社，2011.

[21] 李强，刘强. 互联网与转型中国 [M]. 北京：社会科学文献出版社，2014.

[22] 诺曼·费尔克拉夫. 话语与社会变迁 [M]. 殷晓蓉，译. 北京：华夏出版社，2003.